時報出版

你心理系？不，我說話系！

李朝杰——著

搞懂人心才能有效說話！

活用心理學的超強說話術

前言　比說話藝術更重要的是說話技術

我是一名職業培訓師，講授演講和溝通類課程，自己需要大量說話，也研究說話。我深知太多人有說話方面的困惑，比如不敢演講，不會溝通，不善言辭。

有一位學員說，她在工作中能高效地達成業績，每次三言兩語就能把話說完。但是還有一個困惑：自己是不是應該說更多話？像有些人那樣能說會道，貌似更會來事兒，更受歡迎。

按照這位學員的理解，說很多話、口才好的人，才是會說話的，其實也未見得。

有一次我去拜訪一家公司，兩個創始人非常熱情地向我介紹他們的產品、業務、規劃，口若懸河，中間有好幾次我想提出疑問，但是難以找到機會。他們的口才確實很好，口齒伶俐，聲音動聽，說了很多漂亮話，但是他們說的有效嗎？未必。

如今，自稱「社恐」的人越來越多。根據我的觀察，其中大部分是自謙，真正有社交障礙的人根本就不會出來。那麼，認爲自己是「社恐」的人到底有什麼難處呢？可能是不知道聊什麼，怕尷尬，也可能是擔心自己說錯話，暴露自己的不足。總之，說話方面一定存在一些困惑。

我們和家人朝夕相處，本能地以爲，家人應該是最能互相理解、最容易溝通的，但事實並非如此。和愛人、父母、孩子之間的溝通，會時不時出現問題，比如，年輕人和父母的思想觀念差別太大，青春期的孩子動不動就發脾氣。我有一個朋友，小時候因爲小升初考試不理想，她母親整整一個暑假都沒和她說一句話，這件事給她造成了很深的影響。

還有，職場是最注重表達效率的地方。我們向主管彙報工作時，和同事們開會時，和客戶溝通時，和供應商談判時，都需要高效表達，然而很多人會力不從心，因爲表達不佳而影響了職業發展。我有一個學員，在職場上多年默默無聞，有一次主管對他說：「開會的時候你要發表一下自己的想法，這樣大家才能注意到你。」這是一句善意的提醒，也是一種無形的鞭策。後來他下決心改變自己，兩年後，他接替自己上司的職務，成爲董事長祕書。

常言道，說話是一門藝術。但我認爲，大部分人需要瞭解和精進的是說話技術。因爲藝術是個性化的、難以複製的，但是技術卻可以提煉、重複，幫助我們成爲更好的表達者。

這些年，我也學習了心理學。心理學作為一門科學，經過近 150 年的發展，產生了大量經過實證的理論知識，但這些知識並不為大眾所瞭解，更不會被大眾用於日常說話上。和說話相關的心理學知識，是一套非常有效的技術，普通人值得瞭解，而且拿來就能用。因此，我寫了這本書，希望幫助讀者運用心理學知識，讓說話更容易、更好聽。

本書包括七個部分，內容分別是增加好感、贏得信任、改善關係、增強說服、激勵人心、親子溝通、幫助他人。前文提到的現象，例如是否要說很多話、社交恐懼、和家人溝通、職場表達等，本書都有涉及，並給出了理論依據和實用方法。

每篇文章都包含至少一個心理學知識，我會先解釋這個知識點是什麼，能解決什麼問題，然後給出具體的使用技巧。讀者朋友們可以從任意一篇文章讀起，不拘於先後順序。建議每讀完一個知識點，回想一下自己相關的說話經歷，當時有沒有什麼問題，如果按照書中的方法，可以怎樣改進。

說話技術的學習步驟是：瞭解技術、實踐技術、復盤技術。閱讀本書是第一步，其餘兩步希望您在現實生活中完成。長此以往，就能從掌握說話技術到形成自己獨特的說話藝術。

李朝杰
二〇二四年五月十日於杭州

第一章◆這樣說，增加好感

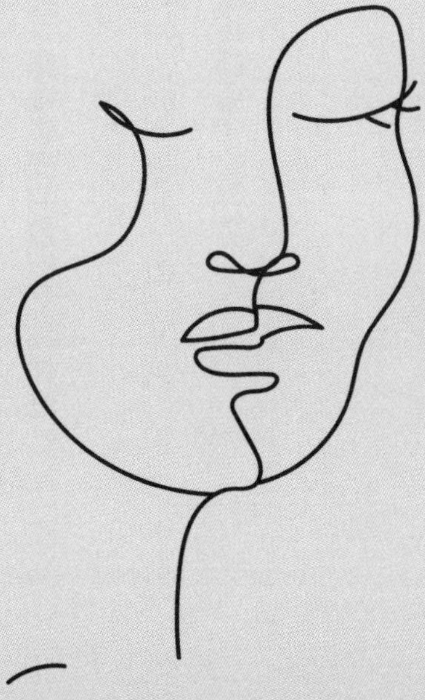

羅沙達比例：讓別人更喜歡你

爲什麼曾親密無間的他／她會失去伴侶的信任，無論其如何彌補也無濟於事？爲什麼很多孩子隨著年齡的增長，逐漸不願意和父母袒露心事，只會做表面的敷衍？爲什麼上司會對一個下屬失去耐心，在心裡將其「打入冷宮」？

古人云：冰凍三尺，非一日之寒。這些問題不是突然產生的，而是長期積累的結果。心理學家對此有精確的統計和研究，可以在人際交往方面給我們極大的啓發。

什麼是羅沙達比例

心理學家馬塞爾・羅沙達（Marcial Losada）在研究公司組織管理時，測量了三種團隊語言溝通中積極用語與消極用語的比例，發現高效團隊的比例是「5.6:1」，中效團隊是「1.9:1」，而低效團隊是「0.36:1」。綜合來看，團隊溝通中積極詞語與消極詞語的比例大於「3:1」的公司更能蓬勃發展，反之就很容易走下坡路。因此，「3:1」被稱爲溝通中的羅沙達比例。

無獨有偶，婚姻專家約翰．高特曼（John Gottman）統計了不同夫婦的談話後發現，如果積極用語和消極用語的比例低於「2.9:1」，就意味著他們快離婚了。要想獲得親密和充滿愛的婚姻，兩者的比例需要達到「5:1」，即你對配偶的每句指責帶來的不良影響，都需要用五句積極的話來消除。

知名商業諮詢顧問劉潤老師在一篇文章裡寫道：我有位老闆在美國電話電報公司工作時，上司是卡莉．菲奧莉娜（後來擔任惠普全球CEO），他向卡莉彙報工作時，遇到任何問題，卡莉從來不說「這不行，這個想法很愚蠢」，而會說「這個想法很棒，如果在某某方面再完善一下，估計可行性會大大提高」。每次，我這位老闆都滿懷激動地走出卡莉的辦公室。顯然，卡莉在和下屬的溝通中，積極用語和消極用語的比例超過了「3:1」，達到了良好的溝通效果。

如何讓別人更喜歡你

用羅沙達比例來解釋開頭的問題，就不難理解。假設一個丈夫在妻子面前總是謊話連篇，甚至實施家暴，那麼妻子遲早會心灰意冷。假設父母總是強迫、批評和責罵孩子，抑或長久不進行走心的交流，那麼就會失去孩子的信任。假設一個員工三番五次辦事、說話不靠譜，那麼遲早會被上司嫌棄，甚至辭退。

就像史蒂芬．柯維（Stephen Richards Covey）在《高效能人士的七個習慣》一書中說的，我們和周圍的每個人之間都有一個隱形的情感帳戶。這個帳戶需要我們定期往裡面「存錢」，保持盈餘，比如經常用積極的話語和對方溝通，關心對方，對方也才會信任和喜歡你。

如果總是「取錢」，比如言而無信、漠不關心、長期不聯繫，那麼這個情感帳戶就會虧損，並逐漸失去對方的信任。就像一位父親長年累月忙於工作，疏忽了對孩子的關愛和陪伴，結果有一天突然發現孩子長大了，不再和他親近，這是父親和孩子的情感帳戶沒有定期存款、長期虧損的結果。

史蒂芬．柯維提到了向情感帳戶存款的七種做法，分別是：理解他人、注意小節、信守承諾、明確期望、正直誠信、勇於致歉、無條件的愛。無一例外需要我們採用積極正向的言行和對方相處。

有一年，我的老婆送了我一份沒有花一分錢，卻無比用心的生日禮物。她發給我一份清單，上面寫著「愛老公的一百個理由」，列舉了我的一個個優點，以及我們相處的美好時光。讀著這份愛意濃濃的清單，我的眼眶溼潤了，心裡暗暗發誓一定要加倍愛老婆。這份禮物是老婆在我們的情感帳戶裡注入的一大筆「存款」。

羅沙達比例不僅適用於婚姻家庭方面，在所有需要建立良好關係的人際交往中都適用。我們和周圍人溝通時，要盡可能多表達關心、支持、鼓勵、幽默，少表達冷漠、批評、指責、謾罵。如果使用了消極用語，就盡量用三倍的積極用語抵消掉不良影響，如此才能保持對彼此的好感。

美國作家馬克・吐溫說：「生命如此短暫，我們沒有時間爭吵、道歉、傷心，我們只有時間去愛。」說的就是這個道理。

阿米效應：讓別人更珍惜

越難得到的東西，得到後越會珍惜。這貌似是社會常識，但是在心理學家看來，所謂的常識也需要經過嚴格的實證，才能被確定爲科學結論。我們來瞭解一個社會心理學實驗，從中可以發現人際交往中讓對方更加珍惜、認同、重視的奧祕。

什麼是阿米效應

心理學家艾略特．阿倫森（Elliot Aronson）和賈德森．米爾斯（Judson Mills）設計了一項實驗，他們招募了六十三名大學生參與研究，這些大學生被隨機分爲三組，每組二十一人，第一組大學生經歷嚴苛的入會儀式方能加入研究小組，第二組大學生經歷溫和的入會儀式即可加入，第三組大學生不需要經歷任何入會儀式就能加入。

研究者讓三組人聽一段與研究相關的錄音，錄音裡的內容非常枯燥，說話者結結巴巴、斷斷續續、語無倫次。然後每個人需要對錄音的趣味性、價值進行打分，結果第二組和第三組大學生的評價是枯燥乏味，而第一組大學生的評價是令人興奮、有吸引力。

爲什麼第一組大學生對錄音的評價遠高於另外兩組呢？原因是他們在加入研究小組時經歷了嚴苛的入會儀式，這種來之不易讓他們對參與研究更加珍惜，更有興趣，對研究小組的認可和歸屬也更強烈。

我們可以把這個實驗結論泛化爲：人們在前期投入的時間、精力、金錢等成本越多，後期就會越珍惜、越重視（心理學中沒有一個專業詞彙來概括這個實驗結論，筆者爲了行文方便，姑且稱之爲「阿米效應」）。

讓別人更加珍惜和重視的方法

其實在現實生活中，人們會有意識地運用「阿米效應」。比如，企業在招聘員工時設置嚴格的條件和流程，社團在招募新成員時設置一定門檻。這樣做，既能篩選出組織需要的人，同時還能讓加入者更加珍惜和重視。女生被男生追求時，初期不輕易答應，也是這個道理。

除此之外，「阿米效應」還能帶給我們更多的啓示：

1. 不要提供免費的機會

在舉辦活動時，免費往往是誘惑力極強的噱頭，但免費也會招徠大量「吃白食」的人，他們不會給組織者帶來實質性的收益。因此，在組織高品質活動（比如讀書會）時，哪怕組織方不需要盈利，也不能免費開放，要讓參與者付出一定「代價」，其中最簡便的篩選方式就是付費，當然也可以使用其他篩選方式，比如，需要經過已有成員的推薦才能參加。這樣參與者才會更加珍惜，更加投入，對活動也會更認可，而不是隨隨便便就「放鴿子」，過程中隨意退出，對活動沒什麼感覺。

我從事多年培訓工作，講授過幾百場課程，組織過幾百次活動，總結出一些規律：付費學習的學員比免費學習的學員，學習效果更好，對課程評價更高；公開課學員（個人主動付費）比企業學員（企業付費，學員被動參與）更加投入，學習效果更好；收費活動和免費活動相比，前者質量更高，參與者更重視、更投入，「放鴿子」的比例更低，對活動的評價也更高。這些規律和「阿米效應」是吻合的。

2. 刻意設置一定門檻

如今人們加入的社群非常多，那些相對更活躍、質量更高的社群，往往是有加入門檻的，比如付費課程學員群、需要交入會費的群、行業協會群、需要打卡輸出的群。

所以，社團在招募新成員時，師父在招募弟子時，導師在招募學員時，學校在招募學生時，要刻意設置一定門檻，除了收費外，還可以增加面試、測試等流程，讓加入者克服一定困難，方能被錄取。這能考驗他是否心誠，也能讓他加入後更珍惜、更投入。

社會上有很多針對成人學歷提升的項目，比如專升大學、碩士研究生，甚至還有國外的博士（只需付費，線上參與即可）。如果你眞心想提升學歷，我建議不要走捷徑，要走那條相對更難的路，比如參加學測、碩博士考試，不要選擇交錢就能上、輕而易舉就能拿到學位的項目。因爲根據「阿米效應」，你前期投入的越多，後面才會越重視，從而更願意花時間和精力，眞正學到知識，提升能力。

3. 要有儀式感

很多重要場合都會安排莊嚴的儀式，比如入黨宣誓、入會儀式、項目啓動宣誓、學生成人禮、婚禮誓詞環節等，這些並不僅僅是花哨的表面功夫。試想，兩個人加入同一個組織，其中一個參與了莊嚴的儀式，另一個沒有參與，誰會對組織更有歸屬感？誰會更加珍惜組織給的機會？很明顯是前者。經歷某種儀式，也是一種門檻。

多年前，我曾經參加國際演講會（Toastmasters International，一個非營利演講組織），成爲其資深會員。這個組織之所以能在全球多個國家設立分支，成爲知名的演講力和領導力學習機構，其中一個重要原因就是它給會員設置了足夠多的門檻和儀式。比如，新會員申請入會，需要參加至少三次活動，完成一個破冰演講，有的分支俱樂部入會條件甚至更苛刻；入會儀式也是隆重、熱鬧的，新會員需要公開宣誓，朗讀入會誓詞，然後和老會員一一握手或擁抱；會員每完成一定學習目標，都有相應的獎勵儀式。這就是全球優秀組織的做法，值得我們學習和借鑑。

在職場上，組織的領導者需要給員工策劃一些儀式，比如新員工入司儀式，年會頒獎；在生活中，我們也要給生活增加一點儀式感，比如家庭讀書會，每年固定時間拍攝全家福。

總之，我們可以把「阿米效應」用在別人身上，讓對方更加珍惜和重視；也可以用在自己身上，讓自己更加投入。

餐廳服務員實驗：傾聽時怎樣回應更受歡迎

在很多溝通中，傾聽比訴說更重要，一個耐心的傾聽者往往比一個滔滔不絕的說話者更受歡迎。但是，我們也不能只傾聽，還要適時給出回應，那麼怎樣回應會更受歡迎呢？

《實驗社會心理學》期刊上發表過一篇研究：荷蘭的研究者在一家餐廳開展實驗，把服務員分成兩組，第一組服務員被要求在顧客點菜後，逐字複述點過的菜名，第二組服務員被要求也確認菜單，但不是逐字複述顧客的原話，而是用其他類似的詞代替，比如用「生啤」代替「啤酒」，用「薯條」代替「炸薯條」。結果，第一組服務員收到的小費是第二組的兩倍多。

這個簡單的實驗能帶給我們很大的啓發，試想一下，什麼樣的傾聽者不受歡迎？答案是：心不在焉、不認眞聽你說話的人，回應的內容離題萬里的人，誤解甚至曲解你含義的人。什麼樣的傾聽者受歡迎？當然是認眞聽你說話的人，不僅聽到了，還聽懂了。

根據這個實驗，關於傾聽後如何回應，我總結了三點建議：

1. 當對方的話語簡短時，可以複述他的原話

比如，上司對你說：「星期五下午三點，召集部門全體同事開會。」你不能只是回應「好的」，可以複述一遍原話，例如：「好的，星期五下午三點，召集部門全體同事開會，我今天就發通知。」

這樣做有諸多好處：第一，能倒逼自己認眞傾聽每一句話，留意關鍵信息，防止三心二意、心不在焉；第二，對方聽完你的回應後，能感受到你的尊重，知道你聽進去了，對他的話很重視；第三，當你不知道如何回應時，複述一下對方的原話，可以確認他的意思，不至於讓氣氛尷尬，同時對方從你口中聽一遍他自己說過的話，可能會產生新的想法，繼續向你訴說。

日本的一些大型企業有規定，管理者在給員工布置工作時，至少要說五遍，前兩遍讓員工複述工作任務，確保管理者說的和員工聽到的內容是一致的，不出現漏聽、歧義、誤解；後面幾遍管理者會讓員工思考任務細節，盡量全面、深入地理解該項工作。很明顯，這樣的溝通看起來繁瑣，但卻高效。

複述對方的原話、原意，看似簡單，卻不容易，需要我們全神貫注、全力以赴地傾

聽並理解。

2.當對方的話語較長時，可以提煉大意，同時提到他說過的關鍵詞

當對方的信息量較大時，記住他的所有細節是很難的，也沒必要，因此，我們要理解大致意思，並且記住關鍵詞。提到對方話語中的關鍵詞，這一點容易被忽略，卻是給傾聽大大加分的表現。

我們會本能地喜歡和自己相似的人，比如老鄉、同學、有相同經歷或相同愛好的人，而使用相同的詞句也是雙方相似度的體現。換位思考一下，一個人在與你溝通時，頻繁地提到你說過的語句、關鍵詞，你的內心會是溫暖的，甚至感動的，你知道自己被看見了，被聽到了。

比如，在開會時，有經驗的發言者會經常引用其他人說過的原話、關鍵詞。例如：剛才王總的一個觀點我很認同，他說「上司和下屬要彼此成就」；就像楊經理之前說過的「異業聯盟」，我們公司也可以考慮。當你一字不差地複述對方說過的一句話、一個詞，對方會感受到你的尊重，從而拉近雙方的關係。

此外，我們在溝通時要盡量使用對方的習慣用語，而不是自己的習慣用語。比如，

對方說「一星期」，你就不要說「一週」；對方說「禮拜三」，你就不要說「週三」、「星期三」；對方說「一個鐘頭」，你就不要說「一小時」；對方說「東三省」，你就不要說「東北三省」。善於溝通的人通常是「變色龍」，會根據他人的語言習慣調整自己，畢竟，雙方在相同的語境下溝通，更容易達成共識，解決問題。

3.如果沒聽懂或者走神了沒聽到，要及時承認，不要掩飾

我們在傾聽時，不理解對方的一段話或者偶爾走神了，都是正常的，此時不要不懂裝懂，隨意搪塞過去。眞誠地請對方重述一遍，這不會引起反感，但是糊弄和敷衍，一定會招來不滿。

事實上，很多回答問題的高手會刻意把提問者的問題複述一遍，以確認自己沒有理解錯誤，然後才開始正式回答。

綜上，使用和對方相同或相似的表達用語，能幫助我們成爲一個更受歡迎的傾聽者。回應時，自己的語言有沒有深度，能不能解決問題，是能力問題；而有沒有認眞傾聽，回應的內容與對方是否在同一個頻道上，則是態度問題。我們首先要端正態度，其

次再提升能力。

共情式傾聽：透過傾聽安撫他人

你相信嗎？僅僅透過傾聽就能安撫一個人的情緒，解決對方的問題，也能從中展現出你高超的溝通能力。只是這種傾聽能力不是生來就有的，而且多數人都不具備，但是可以透過學習和訓練逐漸掌握。

什麼是共情式傾聽

美國著名心理學家、人本主義心理學大師卡爾・羅傑斯（Carl Ransom Rogers）提出，心理諮詢師必須具備共情（也叫同理心）、真誠、無條件的積極關注，才能和來訪者建立良好的諮詢關係，這是心理諮詢取得成效的關鍵前提。

心理諮詢中所說的共情，和大眾眼中的同情是不同的。同情源於人們和他人有相似的生活體驗（比如被父母批評），所以在情感上能理解他人的感受，同情有俯視的意味。而共情是一個人以平等的姿態理解他人，不僅表現在情感上，還表現在認知上，在感性和理性兩方面支持對方。

所以，共情式傾聽要求一個人站在他人的角度，甚至想像自己就是對方，瞭解對方的主觀世界、所思所想，同時又能夠適時抽身出來，給對方以恰當的回應。其實，很多時候傾訴者的心聲被眞正聽到和理解後，煩惱和壓力就會減輕一半。可現實中眞正能共情式傾聽的人太少，人們傾聽的目的通常是爲了回應，以表現自己的機智，掌握話語權。而專業的心理諮詢師透過共情式傾聽，哪怕過程中只說了隻言片語，也能讓來訪者獲得極大的安慰。

比如，假設你被別人誤解，受到嚴厲的指責，你內心十分委屈，也很難過，你向朋友傾訴自己的遭遇，此時你希望遇到以下哪種朋友：第一種，沒聽你說完，就不耐煩地打斷，「這點事算什麼！想開點」；第二種，聽你說完後，安慰你不要太放在心上，給你全面分析，提出行動建議；第三種，默默地聽你說完，嘆了一口氣說：「被人誤解、指責，確實很不好受」，然後繼續聽你訴說。

我想，你最不想遇到的應該是第一種朋友。第二種朋友是熱心腸，只是你內心知道接下來該怎麼做，向朋友傾訴，希望得到的是理解和共鳴，而不是建議和指導，前者才是朋友，後者更像是老師。第三種朋友做到了共情式傾聽，眞正聽見了你，看見了你，理解了你，這才是傾訴者希望遇到的朋友。

怎樣共情式傾聽

1.全神貫注地傾聽，不打斷，不回應

全身心地傾聽別人講話，不是一件容易的事，需要我們調動耳朵聆聽聲音，調動眼睛觀察神態，調動大腦理解含義，同時整個軀體也要表現出傾聽的姿態，比如微微前傾，適當點頭，表情隨著對方的變化有所變化。傾聽不僅僅是一種態度，更是一種能力，需要刻意練習才能提升。

當你真正做到全神貫注地傾聽別人時，哪怕不說一句話，也能起到半個專業心理諮詢師的作用。尤其是現代社會，隨著人們越來越多地把精力花在線上社交，一顆心靈被另一顆心靈傾聽的可能性也隨之降低，這加劇了人們的孤獨感。

研究表明，當我們傾聽他人並且感同身受時，對方的身體會分泌一種美好的激素——催產素。女人在分娩和哺乳時會分泌催產素，達到促進母愛、減輕壓力的作用，同時男女在一些場合也會分泌催產素，比如按摩、擁抱時，可以讓人感到放鬆、舒適、美好。如此看來，我們和對方沒有身體接觸，僅僅是全神貫注地傾聽，就能促使對方分泌催產素，達到減壓、平靜的效果，是不是太神奇了！

另外，不打斷，不回應，不代表不說一句話，你可以時不時說一聲「嗯」、「後來呢」、「這樣啊」，表達自己的關切，示意對方繼續說下去，讓對方知道你在傾聽，你有共情，你理解他的意思，你希望他繼續訴說。

2.理解並說出對方的感受、情緒

這是比第一點更進一步的共情式傾聽，要求我們準確理解對方的感受，並指出來。這樣做有兩個作用：一是表明我們眞正聽懂了，理解了對方；二是引導對方思考和確認自己的感受，有時候對方只是感覺不好，但是也不清楚自己的情緒是什麼，你幫他指出來，他就能有一點理性的認識，從而脫離情緒化、雜亂無章的頭緒。

比如，一位女士在家裡做全職太太很多年，直到孩子長大去外地上大學了，她想重回職場，找一份工作，但是丈夫表示反對，因爲他認爲自己賺的錢完全能養家，如果妻子出去工作，別人會以爲他這個丈夫賺錢能力不足，另外他已經習慣了一回家就能看到妻子，這樣才有家的感覺。這位女士也理解丈夫，但還是不甘心，越來越想不通，於是去找閨蜜傾訴，閨蜜聽完後說：「看來你對丈夫不支持你出去工作有點生氣，而且擔心自己和社會完全脫節，你希望周圍人知道你不僅是一位賢惠的妻子和母親，還是一位有能力的職場女性。」女士點點頭，瞬間釐清了自己的感受。

理解並說出對方的感受，需要我們具備敏銳的判斷力，以及較細的情緒顆粒度，也就是掌握豐富的情緒詞彙，並且理解對應的含義。心理學家普拉奇克（Robert Plutchik）提出人有八種基本情緒，分別是快樂、期待、生氣、厭惡、悲傷、驚訝、害怕、接納，這些基本情緒兩兩組合又會形成新的情緒，比如快樂和期待的組合是希望，悲傷和驚訝的組合是失望。

家長們經常會被孩子的情緒失控問題所困擾，如果指責孩子不懂事，只會讓孩子更加懊惱，此時家長應該做的是傾聽孩子，並且指出他的情緒是什麼，眞正感同身受，這會起到安撫孩子的效果。比如，小男孩對媽媽說橡皮擦丟了，表現出傷心、生氣的樣子，此時如果媽媽說「一塊橡皮擦有什麼了不起的，媽媽再給你買一塊」，這就沒有和孩子共情，不理解孩子。媽媽可以說：「失去心愛的東西，確實讓人挺難過的。」這樣孩子被理解後，也許會哭出來，也許會繼續向媽媽訴說那塊橡皮擦的事情，情緒就會得到釋放和安撫。

你可能會有疑問：萬一我判斷錯了對方的情緒，豈不是弄巧成拙？其實不然，即使你說錯了情緒詞彙，對方也明白你在傾聽，而且在試圖理解他，他會糾正你，可能會說：

「不是的，我就是覺得……」然後你再確認他的情緒即可。隨著我們實踐得越來越多，理解和判斷對方的情緒就會越來越準確。

3.引導對方釋放情緒

情緒就像一股能量，如果憋在心頭，會讓人心神不寧。所以，我們除了讀取對方的情緒，也可以引導對方釋放情緒。當然，這更加考驗一個人的共情能力，在前兩點的基礎上又增加了難度。

英國的戴安娜王妃是一位廣受人民稱讚的王室成員，有一次她去看望一位著名的芭蕾舞童星，這位童星年僅十二歲，不幸患上骨癌，需要截肢。戴安娜在病房抱住小女孩說：「好孩子，我知道你一定很傷心，痛痛快快地哭吧，哭夠了再說。」小女孩放聲大哭，淚如雨下。後來小女孩給戴安娜寫信提到：其他人都是安慰我要堅強，要挺住，也許奇蹟會出現，會爲我祈禱，只有你給了我眞正需要的理解和體貼。在這個例子中，戴安娜王妃不僅理解了小女孩的感受，還引導她將情緒釋放了出來。

面對親友，我們可以根據自己的生活經驗引導對方釋放情緒，也可以尊重他自己的選擇，用他喜歡的方式來緩解。比如有的人悲傷時喜歡唱歌，有的人憤怒時喜歡運動，有的人焦慮時喜歡喝酒。總之，讓對方知道你一直都在，只要他願意，你會始終陪伴。情緒釋放出來後，問題往往就解決了一多半。

綜上，透過傾聽，安撫一個有負面情緒的人，完全是可能的。共情式傾聽的三點方法可以循序漸進地踐行，做到一點後，再嘗試下一點，最終真正掌握這項寶貴的溝通能力。

首因效應、近因效應、峰終定律：讓聽眾印象更深、體驗更佳

假設你是某次演講比賽的評審，選手的哪些表現對你評分影響最大？你參加一次聚會，哪些環節對你的體驗影響最大？心理學中有三個理論可以給我們啓發。

什麼是首因效應、近因效應

美國心理學家默多克（Bennet Murdock）曾經做過一個有趣的實驗，他向受試者呈現一系列不相關的詞語，每秒鐘出現一個詞，然後讓受試者以任意順序，回憶剛才看過的詞語。結果發現，回憶成績與詞語出現的位置密切相關，在系列的開始部分和末尾部分的詞語，更容易被回憶出來。

其中，開始部分的回憶成績好，被稱爲首因效應，而末尾部分的回憶成績好，被稱爲近因效應。

根據這兩個效應可以得出，我們聽別人說話時，對開頭和結尾的話，印象會更深刻。對方開頭說的話造成了我們的「第一印象」，比如相親對象最初一兩分鐘的談吐、表現，

決定了你要不要和其繼續深入交流。

結尾的話也很重要，它是我們和一個人交流時最後聽到的信息。根據艾賓浩斯（Hermann Ebbinghaus）遺忘理論，我們聽過的話中，大部分內容很快就會忘記，但是結尾的話「近水樓台」，給我們的印象會更深刻。比如，和一個人交流結束後，對方最後一番話，可能會讓你回味和琢磨。

怎樣讓聽眾印象深刻

回到開頭的問題，在演講比賽中，如果一個選手的開頭和結尾很精彩，中間只要不是太差，通常都能獲得不錯的成績，因爲評委的大部分印象來自開頭和結尾。反之，如果選手中間大部分時間都講得很好，但是開頭或結尾沒發揮好，比如結尾幾句話卡殼了，那麼會大大削弱評委對選手的整體印象。

換句話說，一場談話中開頭和結尾的長度可能只占二十%，但是作用超過了五十%。所以我們在表達時，一定要足夠重視開場白和結束語。比如，在演講開頭就要表明你的重點，結尾還要再次強調重點，這樣有利於聽眾更好地記住你的核心內容。

PREP是一種常用的表達結構，四個字母代表Point（觀點）、Reason（原因）、

Example（舉例）、Point（觀點），開頭和結尾都是觀點，背後的原理就是首因效應和近因效應。

很多人表達時，開頭不講觀點，讓聽眾不知其所云，因此降低了第一印象分。還有人前面和中間講得不錯，但是結尾沒有強調觀點，導致聽眾最後可能忘了他想表達什麼。

我有一位很敬重的前輩，他在每次會議上，最後都會把大家討論的結果以及要落實的行動，進行一次總結和強調，從而讓在場的人知道，哪些是重點，哪些需要執行。這位前輩就是利用近因效應的高手。

什麼是峰終定律

有人可能會提出疑問：難道談話中間的內容就沒什麼用嗎？畢竟中間部分的時間是最長的。當然有用，峰終定律可以回答這個問題。

心理學家丹尼爾．康納曼（Daniel Kahneman）研究發現，人們對一段體驗的評價由兩個因素決定，一個是過程中的最強體驗，另一個是結束前的最終體驗，過程中的其他體驗對人們的記憶幾乎沒有影響。

這個發現被稱爲「峰終定律」。比如一場宴會中，只要中間那道最重要的招牌菜和最後一個點心讓人滿意，人們就會對整桌菜評價不錯。

怎樣讓聽眾體驗更佳

首因效應和近因效應強調的是人們的記憶和印象，而峰終定律強調的是人們的體驗和感受。

如果你想加強聽眾對你談話的情緒感受，就要設計過程中的「高峰體驗」和最後的「終極體驗」。拿時下流行的脫口秀來舉例，高峰體驗就是過程中最大的、最好笑的那個哏，終極體驗就是演員最後說出的笑料。

談話中的高峰體驗可以是一個激勵人心的故事，也可以是一段意味深長的話，或者是能給聽者帶來認知上巨大衝擊的事。總之，要讓聽者有情緒上的明顯變化，比如開懷大笑、愉悅、激動、共鳴、震驚等。

關於談話中的終極體驗，有一位演講大師說，他的祕訣是每次演講最後都講個笑話，讓演講在觀眾的笑聲和掌聲中結束，這樣人們會認爲自己在整場演講中都很愉悅。

當然，終極體驗不只幽默這一種方式，也可以是一個金句、一段激勵人心的排比、一個意味深長的小故事等。

以上就是首因效應、近因效應和峰終定律。講話時如果希望聽眾印象更深，開頭和結尾就要強調重點。如果希望聽眾體驗更佳，中間和最後就要設計給人帶來情緒變化的內容。

破綻效應：提升自己的魅力

我們喜歡有魅力的人，也希望自己成爲有魅力的人。除了外表好看、獲得成功這些常見的方法外，還有哪些方法能提升一個人的魅力？心理學中的破綻效應能給我們很好的啓示。

什麼是破綻效應

心理學家艾略特・阿倫森做過一個實驗，讓一些大學生給四個人作出評價，其中第一個人品學兼優，在學業、體育、智力等各個方面都出類拔萃；第二個人能力一般，各方面都表現平平；第三個人和第一個人一樣優秀，第四個人和第二個人一樣普通，但第三個人和第四個人都犯了一個尷尬的錯誤：不小心把一杯咖啡灑在了自己的身上。

結果，第三個人（優秀，犯了小錯誤）被認爲最有魅力，其次是第一個人（優秀）、第二個人（普通），最缺乏魅力的是第四個人（普通，犯了小錯誤）。

因此，優秀的人表現出一些瑕疵、小缺點，反而會被認爲更有魅力，這就是破綻效應。

背後的原因是，我們喜歡有能力的優秀人士，但如果一個人在各方面都十分出色，往往會招來嫉妒，而且讓人感覺遙不可及、高不可攀，產生距離感。如果一個人十分優秀，同時還有一些小缺點，這會讓人們佩服他的同時，還會有一種親切感，覺得對方在某些方面和自己很相似，甚至還不如自己，從而拉近了心理距離，更加喜歡對方。

如何提升自己的魅力

根據破綻效應，我們應該如何提升自己的魅力？首先要提升能力，這是基本前提，一個平庸的人很難有魅力；其次可以適當「露出破綻」，拉近和別人的距離。我們看幾個場景：

1.演講中分享自己的負面經歷

作為演講者，如果想拉近和聽眾的心理距離，被聽眾喜歡，有一個很好的方法就是講自己的失敗經歷、尷尬時刻、小缺點。越是功成名就的人，這些負面經歷引起的效果就越好，聽眾會覺得原來舞台上的演講者也曾經失敗過，犯過低級錯誤，就像自己的朋友或鄰居一樣。

比如，主持人楊瀾在一次演講中，分享了自己大學畢業時找工作的艱難經歷，在寒冷的冬天騎著自行車跑遍了北京城，有一次上坡時自行車的鏈子掉了，眼淚和鼻涕都凍成了冰。

楊瀾在演講中分享自己的負面經歷，不僅沒有「掉粉」，反而讓觀眾更加喜歡她。

2. 上司對下屬適當展示脆弱

如果你作爲上司，希望拉近和下屬的距離，甚至打成一片，那就不能總是一本正經，高高在上，可以適當地展示你「脆弱」的一面，讓員工覺得你在某些方面和他們是相似的。

得到公司 CEO 脫不花經常對員工和朋友說，自己高中畢業，沒上過大學，是全公司學歷最低的人，這樣的「自曝家醜」讓員工覺得老闆沒有架子。

3. 父母在孩子面前適當露拙

在孩子眼中（尤其是年幼的孩子），父母是非常強大的，好像什麼都會，什麼都懂。

如果父母在孩子面前表現的各個方面都很優秀，這當然會讓孩子欽佩父母，但同時也會讓孩子相比之下顯得笨拙，甚至產生自卑心理。

父母可以適當露拙。一方面，不會的、不懂的地方，就要大方承認，讓孩子知道父母也是有局限的；另一方面，可以偶爾故意「輸給」孩子，讓孩子成爲贏的一方，或者讓孩子做父母的「老師」。比如孩子問你一個問題「天空爲什麼是藍色的」，你可以說不知道，讓孩子查閱資料後告訴你，事後孩子鄭重其事地向你解釋原因，你要感謝孩子，表示自己學到了新知識。這樣，孩子佩服強大的父母，同時也喜歡眞實的、「弱弱的」父母。

總之，露出破綻只是手段，做一個眞實的人才是目的。一個優秀且眞實的人，誰會不喜歡呢？

阿倫森效應：怎樣褒貶，收穫人心

褒獎和貶損，是我們說話的兩件武器，合理運用兩者的程度和順序，能夠實現「操控人心」「收穫人心」的目的。

什麼是阿倫森效應

著名社會心理學家艾略特．阿倫森做過一個實驗，把參與者分成四組，每組對同一個人給予不同的評價，以觀察這個人對哪一組最具好感。其中第一組始終對之讚揚有加，第二組始終貶損否定，第三組先揚後抑，第四組先抑後揚。

我們的直覺是，人們最具好感的應該是第一組，最具反感的應該是第二組。但實驗結果卻是，絕大部分人對第四組最具好感，好感程度超過了第一組，對第三組最爲反感，反感程度超過了第二組。

阿倫森認爲，人們最喜歡那些對自己的獎勵和讚揚不斷增加的人或物，最討厭那些獎勵和讚揚不斷減少的人或物。這就是阿倫森效應。

就像一個人如果窮慣了，也就覺得沒什麼；但是如果從富變窮，通常會難以忍受。另外，和始終富裕相比，一個人從窮變富、苦盡甘來帶來的幸福感會更強。

怎樣褒貶，才能收穫人心

阿倫森效應啓示我們，在說話時，要高度重視褒獎和貶損的比例、順序，它們在創造好感效果上的排序是：先抑後揚＞一直褒獎＞一直貶損＞先揚後抑。我們看幾種應用場景：

1.追求異性

在追求異性時，「欲擒故縱」是一個很好的策略。男生面對喜歡的女生，開始不要過分表示讚揚和好感，可以先從普通朋友交往和相處，甚至偶爾故意疏遠一下女生，慢慢地提高對女生的讚揚和欣賞，最終抱得美人歸。就怕一個男生前期非常殷勤，嘴巴很甜，但是後來慢慢減少了讚揚，這給女生的體驗是非常差的。

另外，男生留給女生的印象也最好是逐步加分的，讓她慢慢發現你的諸多優點。切忌逐步減分，開始給女生的第一印象很好，但是隨著接觸增多，女生逐步發現你的一個個缺點，這樣就很難追求成功。

偶像劇裡，女主角愛上霸道總裁或者男女主角走到一起，通常都是從很差的第一印象，甚至從冤家對頭開始的，隨著劇情的推進，逐步發現了對方身上的優點，最終愛得難捨難分。文學名著《傲慢與偏見》講述的故事情節也是如此。

2. 教育孩子

在教育孩子時，褒獎的比例要高於批評，讓孩子在一個整體正反饋的環境下成長。對孩子採取批評教育時，也盡量以正面的反饋結束。

最壞的方式就是先揚後抑。例如，孩子取得好成績時，很多父母除了高興外，立即想到的是擔心孩子會驕傲自滿，於是對孩子採取打壓式教育，這給孩子帶來的挫傷感、破壞力是巨大的。

3. 評價下屬

在職場上，上司對下屬的反饋，也要注意讚揚和批評的比例及順序。批評下屬時，盡量以鼓勵、信任等方式收尾，既讓下屬認識到問題的嚴重性，同時又不至於承受過大的心理壓力。

當下屬的工作成效好壞參半時，先批評做得不好的部分，後讚揚做得好的部分，如果順序反過來，給下屬的打擊會很大。

4.「操縱人心」

最後，根據阿倫森效應，我們也可以透過先揚後抑讓對方減少某種行爲，因爲人們討厭讚揚、獎勵逐漸減少的情形。

有這樣一個故事：一個商人開了一家商店，當地一群小混混經常到商店門口騷擾，嚴重影響了商店的生意。這個商人想了一個主意，每次給來的人發一塊錢，對他們的「辛勤工作」表示感謝。過了幾天，他說：「我的生意不好，只能給你們每人發五毛錢了。」小混混們心裡不悅，但是也接受了。

又過了幾天，商人說：「抱歉，我沒錢給你們了，你們以後只能白來了。」小混混們說：「想得美，白來誰來啊！」於是這個麻煩就被迎刃而解了。故事中的商人採取的就是逐漸降低獎賞的方式，讓對方的體驗感越來越差，最終「主動」結束了自己的行爲。

總之，生活不易，每個人都需要被鼓勵、被欣賞，我們不要吝嗇對他人的褒獎。當不得不做出負面反饋時，也盡量有一個正向的收尾，寧可先抑後揚，也不要先揚後抑。

第二章◆這樣說，贏得信任

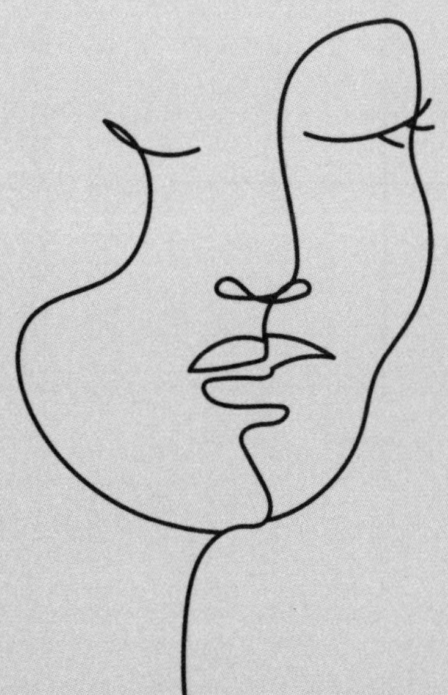

喬哈里溝通視窗：讓別人更信任你

爲什麼企業喜歡讓明星來代言產品？爲什麼你更信任熟悉的人？爲什麼有些人即使認識了很久，但還是讓你感到很陌生？在社交場合怎樣讓彼此快速瞭解、建立信任？

什麼是喬哈里溝通視窗

心理學家喬瑟夫．拉夫特（Joseph Luft）和哈里．英漢姆（Harry Ingham）提出的「喬哈里溝通視窗」（Johari Window），對我們和他人建立信任關係很有啓發價值。

關於我這個人，我和你都知道的信息就是我的公開象限，比如好朋友知道我是哪裡人、做什麼工作、有什麼愛好。

我知道、但你不知道的信息就是我的隱私象

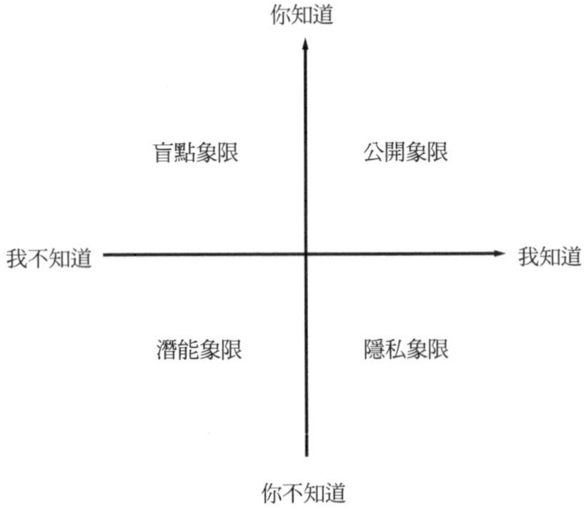

限，比如每個人都有一些隱藏在內心深處的祕密，或者面對一個陌生人，開始不願意暴露自己過多的事情。

我不知道、但你知道的信息就是我的盲點象限，正所謂當局者迷、旁觀者清，一個人身上的問題和毛病可能不自知，但是別人卻看得一清二楚。

我和你都不知道的信息就是我的潛能象限，是未知的領域，每個人身上都隱藏著巨大的潛能，只有不斷探索和嘗試，潛能在合適的時機下才會爆發出來。

如何讓別人更信任你

瞭解了喬哈里溝通視窗，我們就不難發現，要想和他人建立信任關係，就要擴大彼此的公開象限，互相瞭解得越多，雙方就會越熟悉。爲此，我們在和他人交流時，可以參考以下方法：

1.既要向別人提問，也要主動說自己

我見過兩種極端情況：一種是問個不停，像查戶口一樣對你問東問西，對自己的事卻閉口不提，這種人就像躲在陰暗角落裡窺視你的生活，讓你厭惡、避之不及；還有一

種人只顧說自己的事，卻不主動瞭解你的想法，有時候像在炫耀或抱怨，這種人也難以獲得別人的好感。

眞正有效的溝通是雙向的，我們和陌生人交談時，要把「問對方的情況」和「介紹自己的情況」結合起來，交替進行，才能逐步推進談話的深度。面對家人、朋友、同事、客戶時，就更要如此，主動詢問對方的需求和想法，也要說出自己的困惑和意見，很多誤會就是「你不問，我也不說」導致的。

2.創造良好的氛圍，擴大彼此的公開象限

爲什麼人們更容易在飯桌上談成合作？因爲在這種放鬆的環境下，雙方談論的不再只是工作事項，還有各自的家鄉、愛好、經歷等，不知不覺就增進了對彼此的瞭解，這時雙方總能發現一些共同點，比如是老鄉、校友，都當過兵，或者有相似的愛好、育兒理念，於是拉近了心理距離，更容易信任彼此。

公司、團隊舉辦團康和聚餐時，要營造輕鬆友好的氛圍，讓大家暢所欲言，瞭解彼此的故事和經歷，這會大大增加同事之間的親切感和信任感。近些年流行的「裸心會」就是一種很好的方式，團隊成員聚在一起分享各自的人生經歷、成功和失敗、喜悅和痛

苦，能極大地提高團隊的凝聚力。

3.尋求別人的反饋，縮小盲點象限

那些自以爲是、聽不進別人意見的人，盲點象限區域非常大，導致很多信息乃至常識自己都不知道，但是別人一清二楚。還有一些位高權重的人，身邊人容易對其報喜不報憂，導致他們掌握的信息不夠全面、深入，最終決策失誤，害人害己，歷史上這樣的事情不勝枚舉。

古語云：兼聽則明，偏信則暗。我們中學時學過一篇文章《鄒忌諷齊王納諫》，說的是戰國時期齊威王聽取謀士鄒忌的建議，廣開言路，鼓勵文武百官進諫，並且勵精圖治、改良政治，使齊國的國力蒸蒸日上，成爲數一數二的強國。這就是尋求反饋、減少盲點取得的效果。

4.適當揭露自己的隱私象限

面對希望進一步交往的朋友、達成合作的客戶以及需要協作的同事，我們可以主動講一些自己知道、但別人不知道的隱私，比如自己的特殊經歷、某項愛好、曾經的失敗

和糗事，這有助於別人瞭解更立體的你，也更願意信任你。

小錢有一次和主管一起出差，在飛機上閒聊起來，主管問起小錢父母的情況，小錢就說了自己父親的故事，他父親在家中排行老大，有四個弟弟妹妹，父親十五歲那年爺爺奶奶意外離世，作爲長子便開始辛苦工作，把弟弟妹妹都拉扯成人，其中一個弟弟和一個妹妹還考上了大學。主管聽完以後感慨不已，很佩服小錢的父親，也稱讚小錢像他父親一樣有能力、有責任心。這次交流很好地拉近了小錢和主管的關係。

最後，回到開頭的問題，明星的公開象限很大，所以能贏得公眾的信任；你和熟人之間的公開象限很大，知根知柢，當然就有信任感；有些人即便認識了很久，但是他很少說自己的事，所以你們只是熟悉的「陌生人」；在社交場合，兩個陌生人可以透過擴大公開象限，彼此瞭解，一步步產生信任。

獲得別人的信任，需要時間，也需要技巧。

社會滲透理論：提升交流的深度

在生活中，有些人已經認識很久了，但還是交往不深；而有些人卻能一見如故，感覺是多年未見的老朋友。這是爲什麼呢？另外，我們和他人交往時，怎樣把控談話的尺度，提升交流的深度？社會滲透理論（Social Penetration Theory）能給我們啓發。

什麼是社會滲透理論

該理論由社會心理學家厄文・奧特曼（Irvin Altman）和達爾馬斯・泰勒（Dalmas Taylor）提出，是指人們的溝通交流從淺到深的發展過程。兩個人從陌生到熟悉、親密，交流的話題會經歷四個階段：

第一階段，信息層面。

比如姓名、職業、家鄉、興趣愛好、天氣，普通同事的關係也就到這一層了，由於彼此瞭解得不深，所以大部分同事很難發展成親密的朋友。現代社會，同住一棟樓的鄰居也是「老死不相往來」，甚至連對方的姓名和職業都不知道，所以即使很面熟，也等同於陌生人。

第二階段，態度層面。

也就是對其他事怎麼看，有什麼觀點、價值觀，比如同學聚會時會說「這個老師的課挺好的」、「我們這個專業沒什麼前途」，朋友聊天時會談到對社會的認識、對新聞熱點的評論。如果彼此的態度基本一致，那麼就會成爲聊得來的普通朋友。

第三階段，感受層面。

第二階段的態度層面指向外界，而感受層面則指向內心，也就是一個人的心情、情感，好朋友之間往往會交流這類話題，達到情感慰藉的作用。比如，一個人在公司被上司批評了，會向閨蜜或兄弟傾訴內心的苦楚。

第四階段，隱私層面。

這類話題通常只會在知己、伴侶之間交流，比如家裡的「醜事」、個人的祕密等，所謂靈魂伴侶、紅顏知己、藍顏知己就是這種關係。

怎樣逐步提升交流的深度

根據社會滲透理論的四個階段，如果你希望和對方深入交往，那麼就要把交流的話題往深層次引導。假設兩個人總是聊天氣、聊新聞，那麼彼此的關係是不會向前推進的。這裡我們要注意三點：

1.可以主動自我表露

別人說什麼我們不能控制，但是我們可以決定自己說什麼，當你主動表達對一個人、一件事的看法時，對方通常也會說出自己的看法；當你展現自己的情緒和情感時，對方通常也會被感染；當你主動揭露自己的一個隱私時，對方會感受到你們關係的變化，通常會決定給你保守祕密，或者說出自己的祕密。

人際交往中，兩個人關係加深的過程，也是彼此自我表露的過程。比如，《紅樓夢》裡的賈寶玉和林黛玉，在接觸中發現彼此志趣相投，都熱愛藝術，追求純粹的美，厭惡世俗意義上的成功，於是兩個人的內心走得越來越近。

我作爲培訓師，在演講培訓課堂上，經常會見證學員之間關係的神奇變化，在兩天課程中，從開始的彼此陌生，到課程結束時的心有靈犀，甚至依依不捨。原因就是大家在演講訓練中，都講出了自己的基本情況、職業履歷、人生故事，甚至還有價值觀、世界觀，這種自我表露會迅速拉近人與人之間的心理距離。

所以有人感慨地說：有那麼一些人，你初次相見，卻一見如故，對他的好感隨之而來；而又有一些人，跟他相處良久，卻對他一無所知。而往往讓別人喜歡你的方法之一，就是要學會先自我表露。

2.要逐步推進交流的深度

在自我表露的過程中，要把握火候和時機，在雙方關係還沒到某個階段時，不要貿然聊這個階段的話題，更不能跨越階段。所謂交淺勿言深，就是這個道理。

比如，假如你和關係不熟的同事聊上司的八卦，發表自己對公司人事的看法，這就是不成熟的行爲，可能不會拉近你們的關係，反而會讓對方認爲你是一個輕浮的人，甚至抓住你的把柄。況且組織內部的關係複雜，你怎麼就知道這位同事和所聊話題中人物的關係如何呢？

還有，在異性交往中，經常出現一方把另一方「嚇跑」的情況，比如某個男生愛慕一個女生，在雙方的交流話題還僅僅處在瞭解層面時，就貿然向對方表白，女生感受到的一定不是驚喜，而是驚嚇（除非女生也喜歡這個男生）。

在推進交流話題的深度時，尤其要注意自己的負面評價性語言，比如對自己不良行爲的揭露，對他人的貶低和指責，這些負能量可能會造成關係的疏遠甚至破裂。

3.要留意對方的態度

交流是雙向的，推進話題的深度需要雙方的共同參與，雖然我們可以率先主動，但是不能「剃頭擔子一頭熱」，自己已經表露了觀點、感受甚至隱私，但對方始終不說自己的事情和想法，這種交流是不對等的，也是不可持續的。

如果碰到向你提各種問題，但是對自己的事卻閉口不談的人，一定要提高警惕，他們輕則帶給你一場不愉快的談話，重則別有用心。良性的交談應該是：我表露一點，你也表露一點；我推進一層，你也推進一層。

當然，如果你不希望和對方談下去，那麼你可以不自我表露，任憑對方推進談話的層次，你不配合，這樣他自然會知難而退。

綜上可以看出，談話是一種藝術，也是一種技術，我們遵循一定的溝通技巧，就能達到提升交流深度的效果，從而拉近彼此的關係。

故事腦科學：感染你的聽眾

要感染聽眾，講故事永遠是屢試不爽的方法，演講、辯論、聊天等各種表達場合，都可以透過講故事來打動聽者。爲什麼故事具有如此大的魔力？

故事腦科學的研究

普林斯頓大學有一項研究，讓一個人講故事，幾個人聽故事，同時對他們的大腦進行核磁共振掃瞄。故事開始後，聽眾的大腦和講故事者的大腦變得高度同步，就像鏡子內外的畫面一樣。故事講到動情處，講故事者大腦的島葉（負責感情的區域）活躍起來，結果聽眾大腦的島葉也跟著活躍；當講故事者大腦的前額葉（負責理性的區域）活躍時，聽眾大腦的前額葉也隨之活躍。

這在生理層面揭示了故事的兩個強大作用：第一，透過講故事可以產生煽情的作用，就像我們在看電影時，會隨著故事情節的變化，或感動落淚，或開懷大笑；第二，透過故事來講道理是可行的，就像父母給孩子講寓言故事，起到教化的作用，但是純粹講道理就不一定有效了，所謂「自古故事得人心，唯有道理留不住」。

透過故事感染聽衆的場景

1. 演講

當你參加演講比賽時，如果希望感染和打動觀眾、評審，那麼講故事是最合適的方法。

安徽衛視「超級演說家」第二季總冠軍劉媛媛的演講「寒門貴子」，講的是她父母在農村含辛茹苦供養三個孩子考上大學，以及她獨自在北京闖蕩的故事，這引起了廣大聽眾的共鳴，也鼓舞了很多人。

同樣，「超級演說家」年度亞軍崔萬志的演講「不抱怨，靠自己」，講的是自己從身體殘疾的苦難中一次次跌倒又爬起來、最終獲得成功的故事，這個故事讓觀眾感動流淚，同時又激勵人心。

羅振宇每年的「時間的朋友」跨年演講持續三、四個小時，這麼長時間靠什麼來持續吸引聽眾，並且讓聽眾體驗良好，不感到厭倦，最關鍵的就是講故事。二〇二三年的跨年演講乾脆直接變成了「故事會」，羅振宇連續講了二十二個發人深省的故事。

2.辯論

辯論賽以及日常生活中的爭辯，看似是理性說服，實則也需要發揮故事的魔力。

二〇一七年，中央電視台舉辦「世界聽我說」全球華人辯論大會，總決賽的辯題是「青年成長需要自身能力還是外部機遇」，辯手詹青雲發表了兩分鐘的演講，最終獲得總冠軍。

她的觀點是外部機遇更重要，運用的一個關鍵策略就是講故事，她認爲自己的抉擇和小時候有機會開闊眼界是分不開的。出生在貴州的她，小時候有幸遇到了兩個有見識的鄰居——從上海來貴州插隊的知青，詹青雲經常去鄰居家寫作業。在那個年代，「學好數理化，走遍天下都不怕」是社會普遍共識，因此人們認爲學不好理科的人才去學文科。但是鄰居告訴詹青云：做你自己眞正喜歡的事。後來詹青雲選擇了文科，並獲得哈佛大學法學博士學位。

她說：這個世界上有一種東西，你無論怎麼靠自身的努力都改變不了，而需要一個人點醒，這個東西叫眼界。詹青雲的故事讓現場評審有具體的感知和深深的共鳴，最終贏得了三分之二的票數。

3. 勸說

基斯・斯坦諾維奇（Keith E. Stanovich）說：一個具體事件往往可以完全擊敗抽象的概率數據。當我們需要勸說朋友、同事、客戶時，講故事是打動人心的重要法寶。

比如，你勸說客戶購買產品或服務，除了講理性層面的數據、功能、特點外，還可以舉一個其他客戶使用產品獲得成功的具體事例，因爲事例能夠在感性上打動對方。

有一位職場新人去面試，在自我介紹時講了一個自己的故事，快速抓住了面試官的注意力和好奇心，並且展現了自己的良好工作作風。

故事大意是，他在上一份工作中，有一次老闆去紐約出差，臨行前要求他把一份文件發到酒店的傳眞上，但是老闆把酒店名字說錯了，那個年代沒有手機、郵件，他很難直接聯繫到老闆，只能憑幾條線索，從紐約的幾千家酒店中鎖定了老闆可能住宿的十家酒店，然後給酒店前台一一打電話確認，最終在聯繫第八家酒店時確定了，把傳眞按時發了過去。

這個故事充分地體現了他沉著冷靜、認眞負責、有能力解決問題等特點，如果直接說自己具備這些品質，會顯得空洞、自誇，但是透過說故事的方式，就能潤物細無聲地打動面試官。

日常聊天中，故事更是絕佳的談話素材。你身邊的聊天高手一定也是講故事的高手，他能在聚會中滔滔不絕地講自己的親身經歷以及他的所見所聞，其他人聽得津津有味、樂此不疲。

美洲原住民有一句諺語：告訴我一個事實，我會學習；告訴我一個眞相，我會相信；但告訴我一個故事，我將永遠銘記在心。

當你想吸引、感染、打動聽者時，切記要講故事。

變色龍效應：模仿動作，拉近心理距離

我們在和別人交談時，會不自覺模仿對方的動作，比如對方蹺二郎腿，你可能也會跟著蹺二郎腿；對方身體往後仰，你也會往後仰；對方打呵欠，緊接著你可能也會打呵欠。

什麼是變色龍效應

心理學家發現，人在社會交往中存在變色龍效應，也就是人會有意或無意地模仿別人的動作、情緒、語調，從而拉近彼此的心理距離，這樣更容易贏得信任和好感。這背後的科學依據是鏡像神經元。

一九九六年，義大利帕馬大學的研究者發現，猴子在看到其他猴子或其他人做出一個動作時，比如吃冰淇淋，它大腦中的部分細胞就會被激發，就好像自己也在吃冰淇淋。也就是說，猴子僅僅是觀察別人做一些事，但大腦中的反應卻和它親自做這些事是一模一樣的。

科學家把這種細胞稱爲鏡像神經元，這些神經元在猴子見到或聽到一種行爲時會被激發，就像它親自實施了這種行爲一樣。後來，科學家在人類的大腦中也發現了鏡像神經元，而且比猴子更加敏銳，進化程度也更高。這個發現轟動了科學界，有助於我們認識人類的諸多行爲和心理。

比如，當你觀看足球或籃球比賽時，運動員做出一個特殊動作，你會不自覺在腦海裡想像自己做同樣的動作，甚至身體也跟著微微晃動。當你身處人群中，別人打呵欠，你可能也會打呵欠。當你看吃播時，食慾也會被刺激，進而想吃東西。當你看到一張刀片劃破手指、鮮血直流的照片時，心裡也會「疼」一下，就好像受傷的人是自己一樣。這背後都有鏡像神經元在起作用。

模仿別人的動作，就能拉近心理距離

既然鏡像神經元促使我們在腦海中模擬、復現別人的動作，那麼如果我們主動做出和別人一樣的動作，這會不會促進彼此的互相模仿，進而拉近心理距離呢？答案是肯定的。

一九九九年，美國俄亥俄州立大學的查特蘭（Tanya L. Chartrand）和巴奇（John A.

Bargh）發現，當參與者和實驗員自然交談時，若實驗員適當地增加摸臉或抖腿的次數，那麼相應的，參與者也會逐漸增加摸臉或抖腿的次數，而且在整個交流過程中，參與者都沒有察覺到自己模仿行爲的存在。反過來，當實驗員模仿參與者時，參與者對實驗員的印象，以及對交流過程的評價就會有顯著提高。

很明顯，有意或無意地模仿能增加對方對你的好感，因爲你們大腦中的鏡像神經元處於同步活躍的狀態，這會讓雙方感到很舒服、很親切。所以，我們在和別人交流時，可以有意識地模仿對方的動作，從而拉近彼此的心理距離。

比如，和客戶交流時，就可以有意識地模仿他的站姿或坐姿、手勢，以及說話的語氣語調等，這會讓客戶在不知不覺中認爲你很親切，和自己是同道中人，從而增加合作的可能性。

夫妻兩個人在一起時間久了，風格會越來越像，甚至長相也越來越相似，出現所謂的「夫妻相」。這背後也有鏡像神經元在起作用，相愛的兩個人會不自覺地模仿彼此的言行舉止，從而互相越看越順眼。這也提示追求異性的朋友，如果你想拉近和愛慕對象的心理距離，就可以有意地模仿對方的動作。

我們在模仿對方動作時，要注意幾點：第一，不要太過明顯，要在不經意間自然完成，否則會有反作用，讓對方產生警惕，覺得你很奇怪；第二，模仿時動作幅度可以比對方小一點，節奏比對方慢一點，千萬不要鸚鵡學舌、亦步亦趨；第三，不要模仿對方的缺陷，比如口吃。

人是一種社會性動物，在「社會叢林」中，人人都是「變色龍」，不管你喜不喜歡、承不承認，變色龍效應眞實存在。我們可以實踐這個知識，在溝通中模仿別人的動作，從而拉近彼此的心理距離。

梅拉賓溝通法則：說話時的樣子極其重要

請回想一下，很多年以前某個老師或朋友對你說的話，你可能已經忘記了，但是對方說話時的樣子，比如語氣、眼神，你卻還有印象，甚至記得很清楚。或者，請想像一下你喜歡的某位名人，浮現在你腦海裡的，是對方說過的話，還是對方的手勢、表情、語調？想必大概率是後者。我們印象最深的不是訊息本身，而是傳遞訊息的形式，這是爲什麼呢？

什麼是梅拉賓溝通法則

加州大學洛杉磯分校心理學系的阿爾伯特・梅拉賓（Albert Mehrabian）教授，在自己的書《非語言溝通》中發表過一組有意思的數據：一個人對他人的印象，約有七%取決於他人講話的內容，約有三十八%取決於音質、音量、語速等聲音要素，有高達五十五%的印象取決於眼神、表情、動作等形象因素。這三個數據組成的「7—38—55」被稱爲梅拉賓溝通法則。

梅拉賓教授事後一再澄清，他的這項研究只適用於情感和態度交流，比如用不同的語氣和表情說「我愛你」、「也許你是對的」，當說話內容和語調、表情相互矛盾時，人們更容易相信後者，而不是內容本身。他說這些研究結果並不適用於普通交流。

儘管如此，梅拉賓溝通法則仍然給我們很大的啓示，我們在說話時，當然首先要重視內容，但同時也要注意自己的語音語調（比如音量、語氣、語速）和身體動作（比如站姿、眼神、表情、手勢）。有時候語音語調和身體動作對聽眾產生的影響甚至會超過說話內容。

典型案例

一九六〇年，美國總統候選人甘迺迪和尼克森在電視上公開辯論，這在美國歷史上還是首次，有七千萬人實時觀看。尼克森已經擔任副總統多年，執政經驗豐富，政績突出，而甘迺迪初出茅廬，兩者實力對比懸殊，但最終甘迺迪卻以微弱的優勢獲勝了。

事後人們重溫，包括尼克森自己也總結，一個非常大的原因就是甘迺迪的形象和身體語言比尼克森更強，尼克森穿的西服顏色和背景接近，導致人不夠突出，表情比較僵硬，而且還拿紙巾擦拭臉部；相比之下，風度翩翩的甘迺迪就顯得非常自然、自信。據調查，看電視的民眾認爲甘迺迪講得更好，但是聽廣播的民眾卻認爲尼克森的觀點更有力。

這個例子很好地反映了身體語言在說話時的重要性，人們用耳朵聽你的話，還需要花時間仔細理解，但是用眼睛看你的形象和舉手投足，掃一眼就會立即產生一個整體的印象。

演講比賽中，那些聲音好聽、形象氣質佳、動作落落大方的選手，往往更容易脫穎而出，因爲他們在視覺和聽覺上給觀眾帶來的衝擊力太明顯了。

對我們的啓示

我們無法在短時間內改變自己的音色和面容，但是可以努力美化。比如，聲音方面要盡量洪亮、有力，控制語速，適當停頓；在身體語言方面，形象要幹練，而不是邋裡邋遢，要挺直身板，打開手勢，眼中有光。這些都可以增加你說話的信服力，從而在面試、客戶交流、異性交往中，讓別人更加認可你。

很多人說在通訊軟體裡文字溝通，容易引起誤會。比如「我知道了」、「有一定道理」、「就這樣吧」，這些文字訊息在不同接收者那裡可能會有不同的解讀，甚至和你的初心完全相反，這就是因爲缺少了當面說話時的語音語調和表情動作。所以人們喜歡增加表情包，來輔助文字訊息，這在簡單的溝通中還能產生作用。但如果遇到複雜的、艱難的溝通，盡量要選擇當面說，至少要打電話，讓對方聽到你的聲音，從而更能全面地理解內容信息。

總之，根據梅拉賓溝通法則，我們要綜合運用好內容、聲音、身體語言等三個要素，才能更有效地傳遞信息，達到溝通目的。

人際交往距離理論：空間距離反映心理距離

我們和親密的人在物理空間上距離很近，和不熟的人、陌生人會保持一定距離。爲什麼會有這樣的本能行爲呢？另外，人與人之間的空間距離反映出什麼問題？怎樣把控人際交往時的距離尺度？人際交往距離理論可以很好地解答。

什麼是人際交往距離理論

美國人類學家愛德華·霍爾（Edward T. Hall）提出，人與人之間有四種空間距離，由近到遠分別是：

1. 親密距離：〇到四十五公分

這是親密無間的距離，愛人、親人、密友之間經常會出現這樣的情況，兩個人能看清彼此的臉龐，感受到彼此的呼吸，甚至會有肢體的接觸。而在狹小的公共空間（比如電梯、地鐵裡），如果一個陌生人或不熟的人和你之間達到親密距離，你會感到很不舒服。

有一位心理學家做過測試，在只有一位讀者的大閱覽室裡，研究者走進去，坐在該讀者身旁，試驗了八十次，沒有一個讀者能忍受陌生人在空曠的閱覽室緊挨著自己坐下。這說明人際交往時，親密距離是留給親密關係的，如果達不到親密關係，那麼親密距離會讓人抗拒。

2.個人距離：四十五到一百二十公分

這是熟人之間的交往距離，比如朋友、親戚，兩個人能親切地握手和交流。在個人距離範圍內，如果彼此的心理距離近一點，那麼空間距離自然也會近一點；反之，會稍遠一些。在一般的人際交往中，我們要把彼此的空間距離控制在一公尺或一公尺以上，尤其是面對面交談時，否則個人距離太近，會給對方造成壓迫感、防備感。

3.社交距離：一百二十到三百六十公分

顧名思義，這是在社交場合常見的人際距離，比如商務會談、聚會活動，展現出正式又不失禮貌的分寸感。這種情況下，兩個人之間要嘛隔著一張桌子，要嘛會刻意保持一定距離，比如病人去醫生辦公室問診，下屬去上司辦公室彙報工作，商務宴請等。

此時人們需要提高說話的音量，有眼神交流，才能達到社交談話的效果。這也提醒我們，主動和陌生人談話時，比如陌生拜訪、問路，需要保持在社交距離，拿捏好分寸，才不會給對方造成心理上的不適感。

4. 公眾距離：三百六十公分以上

處在公眾距離時，人們往往沒有相互交談的必要，可以互不干擾、「視而不見」。比如前面提到的大閱覽室，如果後來者坐在距離第一位讀者三、四公尺的地方，就不會給對方帶來干擾。還有，人們在聽講座時，距離演講者也可能有好幾公尺，此時哪怕演講者沒有關注到一些觀眾或者觀眾沒有聽演講者說話，互相給彼此造成的影響也較小。

透過調整空間距離，來影響心理距離

1. 人與人之間的空間距離反映出彼此的心理距離

兩個人從陌生到熟悉，再到親近，在空間上會依次經歷公眾距離、社交距離、個人距離、親密距離；反之，兩個人從親近到分道揚鑣、形同陌路，會經歷相反的過程。

我們可以用這個標準來衡量自己和他人的關係。比如，你以爲雙方已經很親近了，但是空間距離縮短時，其中一方或雙方感到不適，說明關係還沒到那一步；或者，雙方交往時，始終保持一定的空間距離，說明還存在相應的心理距離。

也可以用這個標準來判斷別人對我們的態度。比如，對方有意識拉遠你們的空間距離，說明他對你心存顧忌，或者他天性就比較孤僻；如果對方在距離上和你刻意靠近，說明他有意示好。

2.刻意拉遠或縮短空間距離，來影響溝通氛圍

人的心理會影響空間布局，反過來，空間布局也會影響人的心理。比如，處在戀愛前期的情侶，一方可以主動靠近另一方，增加肢體的接觸，在餐廳吃飯時，從面對面就座，到並排坐在一起，從而拉近彼此的心理距離，讓關係更親密。

再如，你剛加入一個團隊，隨著和同事們的接觸增多，和同性同事之間可以有意識地縮短空間距離，從社交距離過渡到個人距離，甚至偶爾拍拍對方肩膀，會增進彼此的融洽程度，拉近彼此的關係。

有經驗的心理諮詢師不會坐在寬大的桌子後面接待來訪者，這種空間距離和雙方之間的「障礙物」會給談話帶來不利的影響。諮詢師通常會和來訪者呈四十五至九十度落座，兩個座位之間什麼都不放，或者僅僅放一個矮小的茶几，上面擺放綠植或茶水，這樣雙方可以避免面對面坐著時目光直視，同時營造出距離很近、內心在一起的感覺。

同理，上司和下屬談話時，如果想營造感性的、融洽的氛圍，就不要坐在辦公桌裡

面，下屬坐在對面，這會在無形中造成對立感。可以並排坐在沙發上，或者和下屬坐在桌子一角的兩條邊上，雙方呈九十度姿勢。也可以在走廊或戶外並排散步，邊走邊聊。

同時，有些情況我們需要刻意拉遠空間距離，營造正式的、公事公辦的溝通氛圍。比如法庭上，法官、原告、被告各自落座，並且有桌子分隔；招聘者與求職者面對面落座；談判雙方在會議桌兩側面對面交流；辯論賽的正方和反方之間空出一定距離，等等。所以，如果你想和對方保持一定心理距離，可以選擇處在社交距離或公眾距離，也可以在雙方之間設置「障礙物」。

最後，需要說明的是，不同文化背景、不同民族、不同性別、不同性格的人，對人際交往空間距離的理解可能會有差異。比如異性間的距離通常比同性間更遠，有些國家的人習慣靠近彼此，而有些國家的人習慣保持一定距離。我們要瞭解當地的文化習俗，尊重對方的習慣，從而在交談時避免誤解。

總之，人類作爲社會性動物，人際交往距離是長期以來約定俗成的默認規則，我們要遵守，同時也要學會使用。

曝光效應：說多了，就信了

你一定有過這樣的經歷：初次見一個人，感覺相貌平平，甚至有點醜，但是相處久了以後，覺得對方長得還行，甚至越看越喜歡；某人對你說一段話，開始你還不信，後來聽他說了很多遍，以及其他人也表達了類似的意思，於是你就慢慢信服了。這背後的心理學原理是曝光效應。

什麼是曝光效應

一個人或事物在我們面前出現的次數越多，就越容易引起我們的好感，這就是曝光效應。類似的心理學原理還有接近效應，意思是我們越是頻繁地接觸一個人，就越容易喜歡對方。「日久生情」說的就是這個意思。

心理學家羅伯特．扎榮茨（Robert B. Zajonc）做過一個實驗：讓人們觀看陌生人的照片，這些照片出現的次數從一兩次，到十幾次、二十幾次不等，然後讓人們評價對照片中人物的喜愛程度，結果是，照片出現次數越多的人，就越被喜歡。這說明人們更加喜歡熟悉的人。

心理學家利昂・費斯廷格（Leon Festinger）也做過一個研究：對麻省理工學院已婚學生所在的宿舍區進行了調查，這個宿舍區由十七棟樓房組成，每棟樓房有十間公寓，學生夫婦被隨機安排在各個公寓中，初期他們對彼此都不熟悉。一段時間後，研究者請學生列出宿舍區內自己最好的三個朋友，結果有六十五%的朋友是同一棟樓房裡的住戶。這說明人們接觸得越多，也就越容易喜歡彼此。

曝光效應的啟示

1. 對自己經常說積極的語言

周星馳在電影中扮演的小人物，會經常對自己說「加油」、「你太帥了」等鼓勵的話，看似滑稽可笑，其實是有用的。要知道，重複的力量是巨大的，有時候謊言重複一千遍就會被人相信。我們對自己內心說的話，是自我催眠也好，會自證預言也罷，總之很重要，那麼與其看貶、打擊自己，不如鼓勵、欣賞自己，說多了自己就會相信，付諸實踐後就可能成真。

企業家馮侖說：「做生意的人都特別能說，而且你會發現，他們會就一件事情不停地說，說過之後，當著你的面還可以重新講給別人聽，一點心理障礙都沒有，要沒有心理障礙地對某一件事情反覆地講，講到最後連你自己都相信了，然後你才能讓別人相信。我原來當過老師，老師就是在不停地講一些重複的內容。」這就是相信的力量。

我曾經多次去保險公司的晨會上分享演講表達技巧，他們晨會的第一個環節是共同朗讀一段慷慨激昂的誓詞，大意是要眞誠爲客戶服務，認眞對待自己的工作。那個場面很壯觀，初次接觸的人可能會覺得怪怪的，但是相信他們講多了以後，就會習慣，從將信將疑到深信不疑。

所以，我們要經常對自己說積極的語言，比如在日記中肯定自己，出門前對著鏡子裡的自己說「你可以的」、「相信自己」。

2. 對他人經常說有力的觀點

我們面對上司、客戶、愛慕的異性，初期表達自己的想法時，對方可能無感，甚至懷疑、置之不理。此時不要忘記重複的力量，不要忽視曝光效應的威力，要在合適的時機出現在對方面前，再次表達你的觀點，對方對你和你的想法就會更加熟悉，進而慢慢產生好感、信任。

我有一位朋友在保險公司工作，他賣保險的方式非常高級，底層邏輯就是重複宣傳，但不是令人討厭地給你頻發訊息，而是透過各種免打擾的方式觸達潛在客戶。比如賣養老規劃的產品，他會透過朋友圈、網路社群、短影音、官方帳號、直播、沙龍、課程等多種途徑進行宣傳，他的社群好友、粉絲一定有機會刷到，哪怕只聽到隻言片語，「種草」的效果也達到了。當對方需要買保險時，能第一時間想到的人，就是我這位經常「刷存在感」的朋友。

「終於等到你，還好我沒放棄」、「你剛好需要，我剛好專業」，是我這位朋友的人生信條。我們不管是銷售產品和方案，還是宣傳自己的理念和觀點，都可以向他學習。

不要以為別人一定知道你和你的產品，當面交流後，對方會記得，但事後很快就會忘記。這很正常，因為每個人的注意力是有限的，都有自己的事要忙。試想一下，許久不聯絡的朋友，有一天聯繫你時，第一句話說的往往是「最近在忙啥呢」、「你還在做××嗎」，對吧？所以，你要反覆地宣傳自己。

而且，當你不在別人面前刷存在感時，別人就會被其他刷存在感的人吸引過去，進而逐漸對其產生熟悉感、信任感，於是在某個時候就和對方合作了。

3. 多接觸優秀的人

鑽石的旁邊是鑽石，垃圾的旁邊是垃圾。你暴露在什麼樣的環境下，慢慢地就會被這個環境所同化，成爲其中的一員。所以，如果你想成爲什麼樣的人，就要多接觸這樣的人，與他們爲伍。

當缺乏條件時，至少可以讀這些人的書，看他們的文章、短影音、直播。如果你不讀書，不接觸優秀的人，那麼你的認知就會被身邊的其他人所影響，比如你的家人、同事、朋友。

清朝晚期的名臣曾國藩，二十八歲中進士，進入翰林院，此時他意氣風發，甚至有點揚揚得意。但很快他就發現自己其實是一個「土包子」，比如他意識到，自己讀過的書僅僅是應付科舉考試的四書五經，而別人讀過的很多好書他居然聞所未聞。翰林院聚集了來自全國的精英，可謂山外有山，人外有人。在這種環境下，曾國藩奮起直追，用聖人的標準要求自己，不出幾年，他就獲得了巨大的進步。如果曾國藩沒去京城，一直待在湖南老家，最多也就能成爲一個鄉紳，不可能取得後來平定太平天國的豐功偉業。

最後，需要說明的是，任何知識都有自己的適用邊界，曝光效應也是如此。如果一個人本來就缺乏實力，還不腳踏實地，只是追求表面的曝光率，比如絞盡腦汁去和各種名人拍合影，以包裝自己；或者賣力地參加各種社交活動，卻沒有彰顯自己的價值，沒有給別人帶來幫助。這種人就變成了愛出風頭的「活寶」，會貽笑大方。如果初期接觸後，別人表現出了明顯的排斥，更加理智的做法不是厚著臉皮繼續「曝光」，而是等待一段時間，觀察和反思。

總的來說，對自己和他人表達時，要學會借助曝光效應的力量。見多了，就熟了；說多了，就信了。

第三章◆這樣說，改善關係

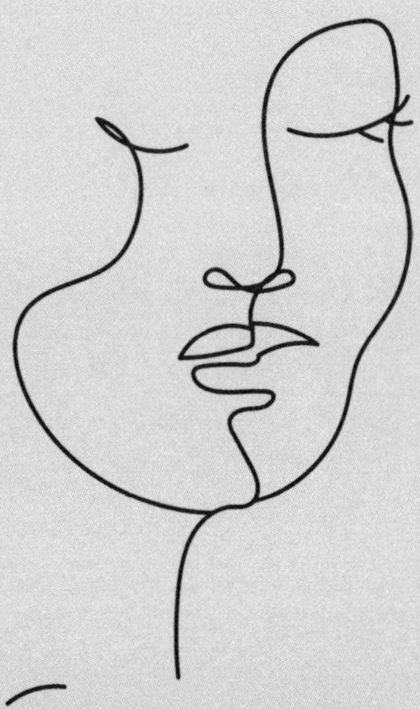

愛情三角理論：怎樣談情說愛

怎樣衡量你的愛情是否完美、是否存在缺陷？你和愛人的對話能否增進你們之間的感情？怎樣在戀愛和婚姻中說情話？

什麼是愛情三角理論

心理學家羅伯特・史坦伯格（Robert Jeffrey Sternberg）提出的愛情三角理論，對我們經營婚姻戀愛、和愛人談情說愛有很大的指導價值。他指出，構成愛情的三種元素是激情、親密和承諾，完美的愛情應同時具備這三種元素，它們構成一個等邊三角形（如下圖）。

少了其中任何一個要素，愛情都會有缺陷。比如，沒有激情，兩個人就會失去生理上的吸引；沒有親密，那麼兩個人的關係可能還不如好朋友；沒有承諾，就會

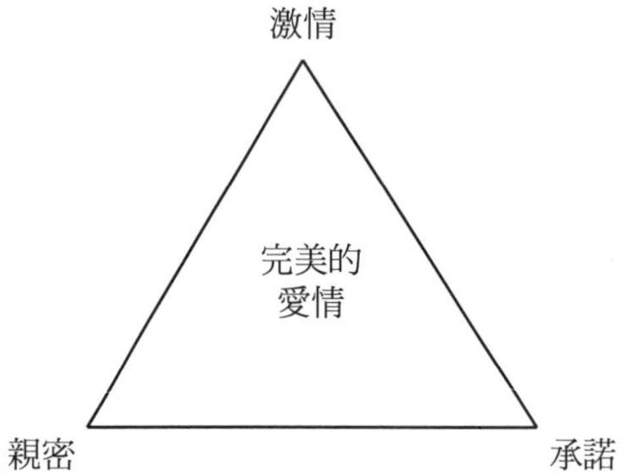

缺乏對未來的安全感、對彼此的忠誠。

怎樣和另一半談情說愛

當你在戀愛期或者已經結婚，可以對照一下，你和另一半的對話是否同時具備愛情三元素，以及哪方面需要加強。

1.「親密」的對話

你們之間是否有「親密」的對話？古代皇帝有後宮佳麗三千，但是和其中大部分嬪妃只有名分上的承諾和短暫的激情，他們之間親密的對話少得可憐，所以歷來在深宮之中談愛情是一種奢望。

我們要把伴侶視為好友，經常聊聊彼此的生活，主動關心和支持對方。如果你和伴侶無話可談，和朋友反而能相談甚歡、不知疲倦，那就要反思一下自己和愛人的親密程度了。

當你真誠且耐心地詢問對方的想法，聆聽對方的傾訴時，你們的親密關係一定會保持和加深。

2.「激情」的對話

你們之間是否有「激情」的對話？激情主要是生理上的互相吸引，除了性行爲，在對話上也可以時不時表現出你對伴侶熱烈迷戀的一面，比如說話時含情脈脈地看著對方。

現實中，年輕的戀人之間往往有「激情」的對話，但是隨著時間的流逝，很多老夫老妻會漸漸忽略這一點，他們之間有親密和承諾，但是激情卻漸漸淡去。這樣的愛情也很好，但畢竟不是一個完美的等邊三角形。

3.「承諾」的對話

你們之間是否有「承諾」的對話？現代婚禮引進了西方人互換戒指、互表忠心的儀式，這就是一種公開的承諾，在親朋好友的見證下，發誓和愛人長相廝守、不離不棄。

承諾的話語不僅要在婚禮上出現，日常生活中也要經常說，比如讓很多人難以開口的「我愛你」三個字，時常掛在嘴邊，說多了就會非常自然、親切。一年當中，至少在幾個重要的日子裡，對伴侶說出「承諾」的情話，比如情人節、對方的生日、你們的結婚紀念日。

在兩個人的晚餐上，在牽手散步時，在夜裡入睡前，和對方說說你的心裡話。例如丈夫對妻子說：「老婆，我們結婚十年了，這些年你照顧兩個孩子和我媽，眞的非常不容易，我都看在眼裡，疼在心裡，我一定會好好努力，讓我們這個家越來越好，老婆，我愛你。」這樣的承諾，一定會讓兩個人的愛情越來越牢固。

兩個人談情說愛，親密的語言是溫暖人心的，激情的語言是熱烈奔放的，承諾的語言是有儀式感的。

一個人如果在對方身上得不到愛情的等邊三角形，就會充滿遺憾甚至憤恨，進而有婚外戀，或者離婚、再婚，去其他人身上尋找缺失的一角。

史坦伯格的愛情三角理論，可以幫助我們在和愛人相識、相處、相守的過程中，檢視自己的愛情是否健全。如果遇到問題，也可以從親密、激情、承諾這三個方面去嘗試修復。

人的四種氣質類型：和不同性格的人溝通

假如你穿越到《西遊記》的故事中，面對唐僧師徒四位性格迥異的人，你會怎樣和他們溝通？延伸到生活中，你和身邊不同秉性的人又該如何溝通？

其實，不必成爲經驗老到的人精，普通小白也可以學會識人，然後針對性採取相應的溝通策略。心理學中的四種氣質類型，就是一個幫助我們識人斷人的好方法。

心理學中氣質的概念，不是生活中常見的含義，比如一個人天生麗質、

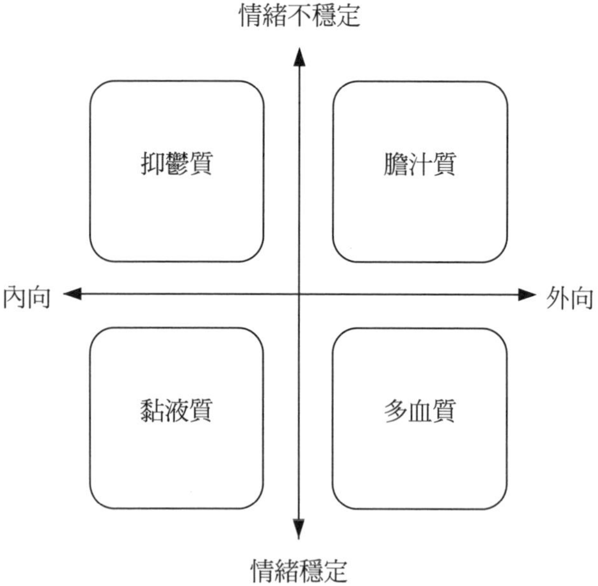

氣場強大、氣質優雅，而是指心理活動在強度、速度、穩定性和靈活性等方面的特徵。氣質是一個人與生俱來、先天形成的，隨著年齡和環境等因素的變化，一個人的性格或許會變化，但是氣質不會改變。氣質沒有好壞優劣之分，每種氣質的人都能獲得成功和幸福，也會遭遇失敗和挫折。

古希臘著名的醫生希波克拉底（Hippocratic）認爲人體有四種液體，分別是血液、黏液、黃膽汁、黑膽汁。後人將其進一步發展，提出了氣質的四種類型學說，即多血質、膽汁質、黏液質、抑鬱質（見右圖）。

根據現代醫學的研究，希波克拉底的四種液體論當然是無稽之談，但是四種氣質的分類、名稱、代表的含義，和現代心理學是基本吻合的，因此四種氣質類型得到了心理學界的廣泛認可，對我們認識自己和他人有很大的作用。

下面我們就來看看這四種氣質類型的概念，以及相應的溝通策略。

1. 多血質

外向、情緒相對穩定的人，氣質就是多血質。比如《西遊記》裡的豬八戒，《紅樓夢》裡的王熙鳳，他們熱情有活力，思維敏捷，能說會道，擅長和人打交道，容易接受新事物。缺點是耐心不足，容易轉移注意力，情感情緒容易外露，體驗不深刻。

和多血質的人溝通時，要重視他的感受，讓他感受到你的喜愛、讚美，維護好你們的關係和溝通氛圍。

如果你的上司是多血質，那麼要主動和他多交流，滿足其愛表現、愛說話的慾望，在公開場合不能搶他的風頭。如果你的下屬是多血質，就要多給他表現的機會，比如讓他在客戶面前介紹方案，在大會上發言等。

如果你的家人是多血質，不要吝嗇你的讚美和誇獎，讓他們負責「外聯」的事務，比如在家庭聚會上營造氛圍，組織活動，協調關係。

《水滸傳》中的燕青就是一位多血質的人物，他文武雙全，能處理好和上司、朋友、三教九流等各種人的關係。莽夫李逵對他也是心服口服，名妓李師師對他喜愛有加，在燕青的牽線之下，梁山才獲得了招安的機會。

2. 膽汁質

外向、情緒相對不穩定的人，氣質是膽汁質。比如《西遊記》裡的孫悟空，《水滸傳》裡的李逵、魯智深，《三國演義》裡的張飛，他們熱情直爽，精力旺盛，有魄力，敢作敢爲，情感強烈，是所謂的性情中人。缺點是容易衝動，比較急躁，辦事粗心，自制力較差。

和膽汁質的人溝通時，不要拖拖拉拉，要乾脆俐落地把事情說清楚，讓對方有足夠的掌控感。

如果你的上司是膽汁質，那麼要在他面前做一個「透明人」，主動彙報你的工作情況，不要吞吞吐吐、支支吾吾。如果你的下屬是膽汁質，在布置工作時要給他清晰的指令和目標，過程中不要過多干涉。

如果你的家人是膽汁質，要給他足夠的權力，讓他負責家裡的「大政方針」，比如規劃家庭旅遊、聚餐地點，但是他們在細節上缺乏意識和耐心，所以需要適當提醒和補位。

一群朋友去聚餐，在商量去哪裡吃飯時，如果久久不能確定，這時膽汁質的人就會站出來拍板說：「別蘑菇了，聽我說，我們就去某某飯店，走吧！」你可以根據這種小細節，甄別一下身邊膽汁質的親友。

3. 黏液質

內向、情緒相對穩定的人，氣質是黏液質。比如《西遊記》裡的沙僧、《紅樓夢》裡的薛寶釵、《三國演義》裡的關羽，他們安靜平和，踏實穩重，善於隱忍、克制自我，耐力持久，對待人和事都嚴肅認真。缺點是不夠靈活，不易改變，缺乏熱情和活力。

和黏液質的人溝通時，要採取嚴謹、規範的方式，提供足夠多的事實和細節。他們不喜歡無序、混亂，往往比較被動，所以你需要主動一點。

如果你的上司是黏液質，那麼你在彙報工作時要多給數據、事實，採取踏實可靠的風格，不要誇大其詞、缺乏依據，更不要變來變去。這樣的上司可能很少表揚你，但不代表他不認可你，只是他比較謹慎，不輕易表露態度。如果你的下屬是黏液質，要給他安全穩定的環境，制定清晰的規則，避免在公開場合批評他。

如果你的家人是黏液質，要盡量讓生活有秩序感，主動和他溝通交流，可以讓他承擔一些需要耐心、細緻的家務，比如拖地、修理家具等。在遇到家庭和外部環境變化時，引導他慢慢適應。

黏液質的人往往是團隊或家庭中的「穩定劑」，有他們在，就會增加一分確定性。就像《西遊記》中的沙僧，在四個人當中最不起眼，但是他最有耐心，最吃苦耐勞，當其他人發生矛盾時，沙僧會出面調解，他安慰師父唐僧，央求大師兄孫悟空，拉攏二師兄豬八戒。

4. 抑鬱質

內向、情緒相對不穩定的人，氣質是抑鬱質。這裡的抑鬱質是一種客觀存在的特點，和抑鬱症沒有關係，一個人的氣質是抑鬱質，不代表他就會患抑鬱症。代表人物是《西遊記》裡的唐僧，《紅樓夢》裡的林黛玉。

抑鬱質的人觀察細緻，小心謹慎，非常敏感，情感體驗深刻、持久，思考透徹。缺點是容易多愁善感，優柔寡斷，行動比較遲緩，容易孤僻、不合群。

和抑鬱質的人溝通時，不要大剌剌，要注意觀察他的神態舉止、語氣語調，分析背後的真正訴求。表面上他可能說「我沒事」「隨便，都行」，但其實他真正的心理可能是「我很害怕」「我需要你陪我」。

如果你的同事或家人是抑鬱質，那麼要主動關心他們，走進其內心世界，耐心溝通，鼓勵他們做自己擅長的事，比如藝術創作、寫作、抽象思考等。

以上就是四種氣質類型的介紹，以及相關的溝通策略。人是複雜的，每個人都有一種突出的氣質，但不代表其他氣質特點就沒有，所以我們在和不同人溝通時，要綜合考慮，採取合適的溝通方式。

如果把人比作一棟房子，那麼性格就是房子的裝修，氣質就是房子最初毛坯時的樣子。硬裝、軟裝等裝修風格會變，但材質、布局等毛坯的內核不會動。我們要學會識別人們深層次的氣質，才能更好地和不同性格的人溝通。

PAC心理狀態理論：三種不同的溝通狀態

我們在生活中經常會聽到下面這些評價：「這個人眞幼稚」、「他很任性」、「他太凶了」、「他很成熟」。每一種評價背後都有相應的心理狀態，我們在溝通時認識到自己和對方所處的心理狀態，才能更好地調整自我、引導對方，讓溝通更順暢。

什麼是PAC心理狀態理論

PAC心理狀態理論由心理學家艾瑞克・伯恩（Eric Berne）提出，其中P代表Parent（父母心理狀態），A代表Adult（成人心理狀態），C代表Child（兒童心理狀態）。

1. 父母心理狀態

處於父母心理狀態時，一個人會表現出權威、控制、呵護、關切，就像很多父母對孩子說話那樣。

比如，一個上司對下屬說：「這個任務必須要完成」、「這都是爲你好」。老師對學生說：「上課時不要交頭接耳，有什麼話舉手說」、「孩子們眞可愛，都是好學生」。醫生對病人說：「你這樣的病情我見得太多了，好好配合治療，基本都能康復，不用擔心。」

中國古代時期，民間常常稱官員爲「父母官」、「青天大老爺」，期望官員像父母一樣公正權威，同時又愛民如子，爲他們當家做主。網路熱詞「爹味」、「媽味」反映的也是一個人說話時經常處在父母心理狀態，喜歡指導別人，好爲人師，甚至指手畫腳、控制他人。

2.成人心理狀態

處於成人心理狀態時，一個人會表現出理性、思考、客觀、平和，希望解決問題、平等溝通，這是成年人大部分時間裡應有的樣子，尤其是在工作中。

比如，上司對下屬說：「我們探討一下，完成這個任務可能會遇到哪些困難」。老師對學生說：「小明，關於這道題，你有什麼要說的」。丈夫對妻子說：「我的想法是這樣的，供你參考」。

同時，如果一個人總是處在成人心理狀態，也容易顯得冰冷、僵硬，缺乏活力和溫度。

3.兒童心理狀態

處於兒童心理狀態時，一個人會表現出感情用事、不穩定的一面，有時甘願服從，有時任性抗拒，有時可愛，有時胡鬧。這是小孩子經常出現的樣子，當然，也有很多成年人時常處在兒童心理狀態，被評價爲不成熟、幼稚，就像《西遊記》中的孫悟空。比如，員工對上司說：「我又不是故意搞砸的，公司要開除就開除吧。」同時，兒童心理狀態也有優點，體現出一個人的率真和活力。

每個人身上都同時存在這三種心理狀態，只是其中一種或兩種會比較突出，以及在不同場合會表現出不同的心理狀態。比如，一位成熟穩重的職場女性和丈夫在一起時，也會表現出撒嬌、可愛的一面；一個在父母面前總是胡攪蠻纏、無理取鬧的小孩，在學校老師面前，也會表現出懂事、成熟的一面。

怎樣調整溝通時的心理狀態

1.成年人在大部分時間，應該以成人心理狀態和他人溝通

這個世界上，如果人們都以成人心理狀態說話辦事，那麼無數的矛盾將會消失，因爲人們不會相互指責、盲目服從、無理取鬧。當然，這是不可能的，我們能做的是，要

求自己盡量做一個情緒穩定、理性溝通的成年人。

《水滸傳》中的「及時雨」宋江廣交朋友，樂善好施，在提供幫助時，也以平等的姿態對待他人，客觀理性地給別人分析和解決問題，因此贏得了廣泛的好評和支持。宋江就是以成人心理狀態溝通的典型代表。

知名心理學通俗讀物《蛤蟆先生去看心理師》裡的蛤蟆，是一個習慣以兒童心理狀態溝通的典型，儘管他早已成年，但是面對嚴厲的獾時，總是唯唯諾諾，不敢表露自己真實的聲音，就像小時候面對嚴肅的父親一樣。後來在心理師蒼鷺的幫助下，蛤蟆才逐漸告別了內心「脆弱的小孩」，以成人心理狀態和他人平等、理性地溝通，收穫了自尊和自信。

有一些人總是以父母心理狀態和他人溝通，比如某些公司裡的主管，喜歡一言堂，不接受任何質疑和反駁。長此以往，下屬表面上尊敬有加，實則口服心不服。一些父母在子女成年後，依然以父母心理狀態對待他們，武斷干涉子女的婚戀，強迫子女聽話照做，這顯然也是不理智、不成熟的表現。

2.面對某些人、某些場合，也要適當調整自己的狀態

如果總是以成人心理狀態溝通，顯然會失去溫度和趣味，而且在一些場合也不合

適。所以，我們要學會適當調整自己的心理狀態，達到溝通目的。

比如在需要表現關心和權威的時候，就要以父母心理狀態溝通。例如，醫生面對悲觀、急切的病人，首先要做的不是理性客觀地解釋，而是關懷和安撫病人。上司面對不認真對待工作、可能帶來不良後果的下屬，也要表現出嚴厲的一面，及時制止和批評。丈夫面對尋求安慰的妻子，也要暫時放下理性的一面，及時表示出關心和理解，在感性上和妻子站在一起。老師面對學生（包括成年學員）也要體現出權威、關切，既要讓學生服從老師的指導，也要讓學生感受到老師的關心。

在需要表現率真、童趣的時候，成年人也可以選擇兒童心理狀態。例如，父母和孩子玩鬧時，伴侶之間打情罵俏時，參加遊戲互動時。一個已經身居高位的人，面對自己過去的老主管，常常也會虛心請教、表示尊敬。遇到自己不懂的問題，也可以像小時候作為學生請教老師那樣，向他人真誠提問，尋求幫助，而不是顧及自己的身分和面子，不懂裝懂。

3.引導他人進入合適的溝通狀態

在溝通時，除了要明確或調整自己的心理狀態，同時也要引導對方採取恰當的心理狀態。如果希望對方承擔責任，就要喚起他的父母心理狀態；如果希望對方理性分析，解決問題，就要喚起他的成人心理狀態；如果希望對方感性行事，率性而為，就要喚起他的兒童心理狀態。下面列舉三個對應的例子。

明朝土木堡之變後，皇帝朱祁鎮被蒙古瓦剌軍隊俘虜，國家迫切需要一位新的皇帝主持大局，大臣于謙向郕王朱祁鈺（朱祁鎮之弟）諫言：「我們完全是為國家考慮，不是為個人打算。」希望朱祁鈺能擔起責任，登基做皇帝，抵抗瓦剌入侵。朱祁鈺聽從了勸告，即位後勵精圖治，安撫人心，取得了京師保衛戰的勝利。于謙當時希望喚起的，就是朱祁鈺的父母心理狀態，勇於承擔大任。

模範法官陳燕萍有豐富的調解經驗。有一次，一對堂兄弟因為住宅基地發生糾紛，甚至在法庭上也爭吵不止，大打出手，陳法官給他們各倒了一杯水，都被打翻在地，於是她拿起拖把清理水漬，兩個人見狀平靜了下來。陳法官問他們：「你們來法庭是幹什麼的？」兩人答道：「當然是來解決問題的。」陳法官說：「既然是解決問題的，那我們來研究一下具體的解決方法吧。」這時兩個人才真正回歸了理性，最終順利解決了糾紛。陳法官希望喚起的，是兩個人以成人心理狀態理性溝通，而不是像小孩一樣胡鬧。

我作為培訓師，需要給成年人講課，也經常參加其他培訓師的課程。如果學員彼此之間是陌生人，培訓師通常會在開場安排一個破冰遊戲，讓學員互相認識，改善課堂氛圍。此時就可以借鑑兒童們認識的方法，兒童之間是沒有戒備心的，他們會真誠、迅速地玩在一起。培訓師需要喚起成年學員率性、天眞的一面，讓大家暫時放下成人心理狀態，以兒童心理狀態溝通。比如，讓每個人以繪畫的方式，依次畫出自己的職業、家鄉、喜歡吃的食物、小時候喜歡玩的遊戲，然後拿這四幅畫相互自我介紹。再比如，讓每個人在小組內說出關於自己的三條信息，其中兩條是眞的，一條是假的，讓其他人猜測哪條是假的。這種看似幼稚的遊戲，在特定的環境下，成年人也是樂意參與的，破冰效果非常好。

總之，我們要理解PAC三種心理狀態的概念，反思一下自己平時經常處在哪種狀態，是否合適，應該怎樣調整。在眞實的溝通中，及時採用合適的心理狀態，並且引導對方進入恰當的心理狀態。如此，才能眞正爲自己所用。

課題分離理論：處理人際溝通矛盾

很多父母爲孩子操勞一生，孩子小時候擔心他的學習，催促寫作業，逼著上補習班；孩子長大後又操心他的婚戀，催促其找對象、結婚、生孩子，然後又接著幫孩子帶孫子。這種纏繞不清的親子關係，帶來的往往不是父母欣喜、子女感恩，而是無窮無盡的矛盾。

根據個體心理學創始人阿爾弗雷德．阿德勒（Alfred Adler）的理論，課題分離是解決人際關係矛盾的第一步，很多人際煩惱都是因爲沒有做好課題分離造成的。

什麼是課題分離

每個人都有自己的任務和事務，我們稱之爲「課題」。人們管好各自的課題，互不干涉，本來是合理的常態。但在現實世界中，總會出現自己的課題被他人干涉，或者自己干涉他人的課題的情況，於是各種人際溝通矛盾就出現了。

比如，年輕人的戀愛和婚姻是自己的課題，父母不需要操心、干涉，但是很多父母會不厭其煩地給孩子安排相親，催婚甚至逼婚，於是父母和子女的尖銳矛盾就出現了，一說到這件事就會起爭執。

怎樣區分課題到底是誰的？判斷標準就是：這項課題的最終結果由誰來承擔，那麼就是誰的課題。

課題分離，幫助解決父母和子女之間的矛盾

有一個段子是：不輔導作業時母慈子孝，一輔導作業時雞飛狗跳。這反映出家長和孩子在學習方面的強烈衝突。根據課題分離理論，學習其實是孩子自己的課題，父母不需要干涉，因爲如果孩子不好好學習，被老師批評、成績退步、考不上好學校、將來可能沒有好工作，這一切結果都由孩子自己承擔。

有人可能會說：孩子還小，不太明白學習有多重要，所以父母要替他操心啊。一方面，父母替孩子操心沒有用，反而會讓孩子失去學習的自驅力和主動性，有些家長在孩子中小學階段逼著他們「努力」學習，孩子考上大學，獲得自由後，往往容易陷入迷茫和空虛，不知道爲何學習，不知道自己喜歡什麼，於是渾渾噩噩地度過大學生涯，變得平庸、被動。

另一方面，父母越是逼孩子學習，孩子就越是反抗，因爲孩子心裡明白，父母口口聲聲說「都是爲了你好」，但其實更多是爲了滿足父母自己的虛榮心，實現父母未曾實現的願望。

所以，家長不干涉孩子的學習，就能解決親子溝通中的一大矛盾。當然，也不是說家長就放任不管，家長可以對孩子表達自己的想法，當孩子需要時，家長要提供支持，比如購買相關的書籍、課程，請家教等，前提是孩子自己需要，而不是家長強迫孩子。

再比如，常見的婆媳矛盾，根本原因也是沒做好課題分離。兒子結婚後，和妻子成立了小家庭，很多事情是小家庭自己的課題，公婆不能干涉，比如生孩子、育兒理念、操持家務等。

有些公婆看不慣兒子兒媳的生活方式、育兒方式，強加干涉，甚至搶奪兒媳作爲小家庭女主人的權力，指責兒子娶了媳婦忘了媽，這就是原生家庭和新的小家庭分不清造成的。也有一些年輕人不承擔自己的課題，推卸給父母，比如把孩子交給父母帶，自己不管不問，或者成立小家庭後還是不獨立，依賴父母，這勢必會引起父母的不滿。

課題分離，幫助解決其他人際矛盾

課題分離不只適用於解決父母和子女的矛盾，也適用於解決其他人際關係矛盾。我們在人際交往中，不要妄加干涉別人的課題，也不要讓別人妄加干涉自己的課題。比如，一些人很在意別人的評價，被上司批評幾句，就悶悶不樂，甚至惶惶不安；被同事議論幾句，就非常鬱悶。其實別人怎樣評價你，那是他們的課題，不是你的課題，你沒辦法控制。而你怎樣對待別人的評價，決定要怎麼做，才是你的課題，是自己能控制的。做好你認爲正確的事，不要太在意別人的評價，走自己的路，讓別人說去吧。

我有一個朋友，在一家公司工作了十幾年，後來遇到了更好的機會，想跳槽，但是礙於和上司、同事長年累月的相處，大家已經有一定情分和信任，他不好意思提辭職，擔心自己離開後，團隊會遇到困難，上司會失望和生氣，於是他陷入了內耗和糾結中。其實，根據課題分離理論，提出辭職、做自己更加青睞的工作，是他的課題。至於他離開後，上司怎麼反應、怎麼評價，那是上司的課題。當然，做好交接工作，盡量減少給公司造成的不良影響，是職業操守，也是我朋友課題範圍內的事。

一些人在社會闖蕩久了，被信任的人背叛，看到小人、不擇手段的人反而獲得了名利，於是自己也開始墮落，變成了自己過去討厭的人。其實，信任別人是你的課題，別人如何對待你的信任是別人的課題。你如何做人是自己的課題，別人如何做人是別人的課題。

我們要做好課題分離，把自己課題內的事做好，至於別人的課題，和自己無關。我們不能因爲別人的課題發生改變，進而改變自己的課題。你可以背叛我的信任，但是我依然會選擇信任其他人；你也許沒有走正確的道路，但是我依然選擇走光明正道。

還有，在社交軟體上溝通時，一些人得不到回覆，或者打電話別人不接，就很憤怒。其實，給別人發信息、打電話，是你的課題，但是別人怎樣回應，那是別人的課題。不要干涉別人的課題，你控制不了，也不必有過度的反應。

向朋友請求幫助（例如借錢），是你的課題，但朋友是否幫你，就是他的課題。請求幫助時，不必糾結、猶豫，你可以決定自己的事，你的課題由自己做主；別人如果不提供幫助，你也不必生氣、失望，因爲別人的課題由別人做主。

根據課題分離理論，人際溝通矛盾會很容易解決，以至於初期接觸的人不敢相信，不願承認。

阿德勒說：一切煩惱都是人際關係的煩惱，一切幸福也都是人際關係的幸福。處理人際關係的起點就是課題分離，它的目的不是要讓彼此疏遠，恰恰相反，是爲了讓人與人更融洽地相處。就像一團亂麻纏在一起，我們要進行梳理，否則就會剪不斷、理還亂。

艾瑞克森心理社會發展理論：不同年齡段的人如何度過心理危機

小孩子難管，青少年叛逆、迷茫，青年人被逼婚，中年人面臨中年危機，老年人有落寞感。每個年齡段的人都有自己的煩惱。

我們作爲家長，應該怎樣陪伴孩子度過各個年齡段的心理危機？作爲朋友，怎樣支持身邊人走出內心困境？作爲子女，怎樣寬慰逐漸老去的父母？心理學家艾瑞克・艾瑞克森（Erik Homburger Erikson）提出的心理社會發展理論，能給我們帶來啓發。

他把人的一生分成八個發展階段（見下表），每個階段都會面臨自我發展與適應社會的挑戰，如果成功地戰勝了挑戰，那麼就會獲得所需的能力；反之，則會產生心理危機。

人生	階段	大致年齡	心理危機	需要發展的能力
童年	嬰兒期	0～1.5歲	懷疑、不信任	信任
	幼兒期	1.5～3歲	羞怯	自主行動
	學前期	3～6歲	內疚	自控力
	學齡期	6～12歲	自卑	勤奮

青少年	青春期	12～18 歲	角色混亂	自我認同
成年	成年早期	18～30 歲	孤獨感	親密關係
	成年中期	30～65 歲	停滯感	繁衍、創造
	成年後期	65 歲以後	絕望感	自我統合

需要注意，艾瑞克森提出的八個發展階段僅僅是一種參考框架，不是衡量標準，也不是人生模板。每個個體都有自己獨特的人生軌跡，而且隨著時代的變化，人的活法更加多元，沒有誰對誰錯、孰優孰劣之分。但是當我們自己或身邊人迷茫、困惑時，艾瑞克森的理論或許能給我們指明一點方向。

接下來我們把這八個人生階段展開，重點分析在幫助他人度過心理危機時，應該怎樣更好地表達。

1. 嬰兒期

小嬰兒呱呱墜地，來到這個完全陌生的世界，他們的衣食住行都需要父母或其他人照顧。如果他們的需求能及時被滿足，比如餓了有奶喝，睏了能安心入睡，醒來有人陪，那麼他們就會信任身邊的人，覺得自己很安全，對世界充滿希望；反之，如果需求沒有被及時滿足，就會懷疑世界，不信任身邊人。

作為父母，要及時滿足嬰兒的生理和心理需求，不要擔心他們被慣壞，這個年齡還沒有蠻橫、胡鬧的意識，他們需要滿滿的安全感。嬰兒清醒時，要多和他們溫柔地講話，盡情地表達你濃濃的愛，不要擔心他們聽不懂，他們一開始確實聽不懂，也不會說，但是他們能感受到你的愛意，這是人類嬰兒的本能。

2. 幼兒期

幼兒已經掌握了很多技能，比如走路、說話，他們迫切地想瞭解和探索這個世界，但是又發現自己很多事都不會做、做不好，於是產生羞愧心理。另外，父母設置了諸多限制，規定了諸多要求，比如要學會使用馬桶，吃飯不能挑食，不能把食物撒得滿地都是，不能和其他小朋友搶玩具，不能在馬路上跑來跑去，於是，他們逐漸產生了膽怯心理。

所以，父母在鼓勵幼兒主動探索世界和限制他們不當的言行之間，要形成一個合理的平衡。比如鼓勵幼兒使用馬桶，解釋背後的原因，讀相關的繪本，但是當孩子劇烈抗拒時，不要強迫、指責他們，更不能因此打罵，這只會讓孩子更加羞怯，失去自主行動的意志。其他方面也是如此，在確保人身安全、符合社會規範的前提下，要多讓幼兒自主行動，克服羞愧、膽怯心理。

3. 學前期

這個時期的兒童開始上幼兒園，探索的世界更大了，他們的精力旺盛，想像力豐富，比如把一根木棍想像成寶劍，在一起玩過家家酒。這種言行如果被成人嘲笑和打擊，他們就會逐漸失去信心。

他們也會經常「闖禍」，比如不小心打碎了玻璃，把同學推翻在地，說了一些從別處學來的髒話，偷吃東西被父母發現等，因此會常常產生內疚、自責心理。

此時父母需要引導孩子培養自控能力，主動探索、豐富創意是好的，但是要規避不恰當的言行，比如打鬧時不能傷到小朋友的眼睛，不能說髒話。當孩子有不當言行時，父母要及時制止，但不要過度懲罰，要讓孩子認識並承擔錯誤的直接後果，教會孩子如何糾錯，比如打傷了玩伴要當面道歉。

4. 學齡期

孩子上小學後，有大量的時間在學校裡度過，學習成爲他們的主要任務，他們也開始和同學密切接觸並交往。學校是一個「小社會」，孩子處在其中，不可避免地會和別人比較。

體育課上，爲什麼同桌總比我跑得快？才藝展示時，同學們會唱歌跳舞，我好像什麼都拿不出手。最重要的是，父母和老師最看重的學習方面，我每天都會遇到那麼多不會做的題，難道是我腦子笨，不如別人？

此時孩子在某些方面或多或少都會產生自卑心理，家長要引導孩子培養成長性思維，通過勤奮和努力戰勝困難，獲得進步，從而超越自卑，獲得自信。讓孩子明白，一個人在方方面面都比別人強，是不可能的，但是透過努力，超越過去的自己，提升自我能力，從而在某方面獲得競爭優勢，完全是可行的。只要孩子有過若干次天道酬勤的經歷，他就會深刻體驗到勤奮和努力的價值。

5. 青春期

這是令很多家長頭疼的時期，孩子進入中學後，好像突然就從過去的乖孩子，變成了事事都和父母對抗的叛逆少年。背後的內部因素是青春期生理和心理的巨變，外部因素是隨著童年的結束，社會對他們的要求和期許發生變化。在高等教育還沒有普及的幾十年前，這個年齡的孩子已經要爲工作謀生做準備了。

青春期的孩子會產生角色混亂的心理危機，他們內心深處會冒出以下問題：我是誰？未來要成爲什麼樣的人？朋友們怎麼看我？我在小團體中是什麼角色？我會吸引什麼樣的異性？

這也是家長能對孩子施加影響的最後階段，首先要認識到青春期的心理混亂是正常的，就像醜小鴨在成爲白天鵝之前，也要經歷一段蛻變。家長和孩子交流時，要多傾聽孩子的心聲，重點關注他對自我的認識，對自己作爲子女、學生、朋友等不同角色的看法。理想的結果是，對內忠誠於自己，對外忠誠於朋友和同學，也就是明白自己是誰，希望成爲什麼樣的人，在社會中扮演什麼角色，這就說明一個人實現了自我認同。

當然，更常見的情況是，很多孩子不願意和父母吐露心聲，那是因爲孩子認爲父母解決不了自己的問題，他們更願意和好朋友傾訴。所以父母可以順水推舟，借助「外力」去影響孩子，比如優秀的同輩、孩子欽佩的一位老師或長輩，甚至名人傳記，都可以幫孩子度過角色混亂、茫然無助的心理階段。

6. 成年早期

這個年齡段的人通常被稱爲青年，他們是大學生，或者剛步入職場不久，此時人生觀和世界觀已經初步形成，完成了自我認同。隨著生理成熟和心理需求的發展，青年人面臨的人生大事是戀愛和婚姻。

如果一個青年找到了情投意合的戀人，並且建立了牢固的親密關係，那麼就會擺脫孤獨感，度過這一時期的心理危機。反之，如果在婚戀方面長期碰壁，缺乏和異性交往的技巧，遇不到自己的「意中人」，或者在情感中屢屢受傷，那麼就會產生孤獨感，以及對親密關係的失望和無奈。

作爲父母，如果自己的孩子婚戀不順，不要過多干涉，在情感上給予支持即可，孩子已經成人，讓他在此後的人生道路上自己做主，並且獨自承擔責任和後果。

作爲青年人，要主動尋求親密關係，當遇到挫折時，不要過分氣餒，更不要「看破紅塵」，從此選擇獨身；要學習和異性交往的技巧，努力成爲更好的自己，然後繼續尋找屬於自己的姻緣。當然，親密關係不只有愛情一種，還有親情和友情，可以和好友多交流，從他人的支持和慰藉中獲得人際關係的溫暖。

7. 成年中期

中年人到「不惑之年」，早已完成自我認同，擁有了親密關係，事業上也步入了穩定的上升期，看似一切順風順水，但是「中年危機」卻悄然來臨，很多人因此陷入一種虛無感。過了半輩子，好像已經活明白了，但是可能會缺乏激情、活力，找不到下一步的人生方向。

艾瑞克森提醒我們，中年人的心理危機是停滯感，要透過創造、繁衍來應對。比如養育孩子，把下一代培養成樂觀積極、對社會有用的人，這個過程本身也是中年人的自我成長；再比如，幫助年輕人成長，把自己的知識和經驗傳授給他們；還有在事業和愛好上獲得進步，例如做自媒體、跑馬拉松、擔任志工等。總之，周圍的世界因爲你的存在而變得更好，你就不會有「中年危機」，從而避免產生停滯感。

所以，當我們自己或身邊親友陷入中年心理危機時，要思考一下：我有沒有在繼續成長？我有沒有在認眞養育孩子？我有沒有幫助年輕人成長？周圍的世界有沒有因爲我的存在而變得更美好？

8. 成年後期

老年人退休後，與社會的聯繫不再那麼緊密，而且體能也會逐漸下降。所以有一種力不從心、年老遲暮的感覺，甚至會覺得自己不再被社會需要。回憶自己的一生，如果充滿遺憾、悔恨、不甘，那麼人就會陷入絕望，不能安然、平靜地度過晚年生活。

人是建構出來的，現實的人生是一回事，而人對自己一生的評價則是另一回事。我們要學會和自己和解，和世界和解，完成自我統合，這不是自欺欺人，而是一種智慧。

所以，當我們的父母產生老年心理危機時，要引導他們接受自我、接納現實。比如，一些老人認爲自己的一生過得很失敗，年輕時的理想沒有實現，或者後悔自己當年沒有好好陪伴家人，對不住愛人和孩子。

作爲子女或者他們的朋友，要開導他們擺脫絕望感，與世界和解，與其悔恨，不如放下，過好餘下的時光。

艾瑞克森認爲，人在每個年齡段都需要解決相應的心理危機，如果順利度過，就會產生積極的人格特質；反之，則會產生消極的人格特質。當我們自己或身邊人有相關困惑時，不妨借助艾瑞克森的理論去指導言行，渡人渡己。

情緒ABC理論：勸慰他人走出負面情緒

當身邊的親友陷入負面情緒，走不出來時，我們會想去安慰一番，但是效果可能不盡如人意。還有，當我們自己遇到想不開的事，應該如何寬慰自己，走出負面情緒？這時情緒ABC理論就可以派上用場了。

什麼是情緒ABC理論

它由美國心理學家阿爾伯特・艾利斯（Albert Ellis）提出，其中A代表Activating event（事件），也就是導致其他後果的客觀事實，比如失戀、遇到塞車；B代表Belief（信念），也就是對事件A的主觀理解、分析；C代表Consequence（結果），也就是最終的行爲或情緒。艾利斯認爲，導致人出現負面情緒的（即C），往往不是事情本身（即A），而是我們對事情的看法（即B）。

比如，有一個經典的古代故事：甲和乙兩個人進京趕考，都看到了出殯的人家抬著棺材，其中甲認爲這是不吉利的象徵，可能預示著自己這次考試將名落孫山，心情鬱悶，後來果然沒考中。但是乙卻認爲看到棺材是好兆頭，因爲棺材的諧音是「官財」，也就是陞官發財，這預示著自己這次考試將會順利高中，心情大好，超常發揮，後來果眞考上了。

你看，同樣的事件A導致了不同的結果C，是因爲兩個人對事件A的看法B不同，從而導致他們出現了截然相反的情緒和行爲。但當事人自己會認爲是事件A直接導致了結果C，而忽略中間的過程B。

類似的案例在現實生活中每天都在上演。同樣遇到塞車，有的人會急躁不安、出口成髒，而有的人卻心平氣和，打開手機聽音樂。同樣遇到被裁員，有的人感覺天塌下來了，認爲自己這輩子完了，而有的人會淡定地去找工作，開始新的探索。

使用情緒ABC理論勸慰他人

理解了情緒ABC理論，當我們勸慰身處負面情緒的親友時，就多了一個理論武器，你可以把這個心理學知識和相關的例子講給他聽，也可以引導對方思考，面對事件A還有哪些可能的解釋（即B）。

比如，朋友被公司裁員，他認爲自己完了，找你傾訴，你可以勸慰說：「公司裁員，這個事情已經發生了，有沒有可能這對你來說是一個新的機會，你可以換一個賽道繼續打拚」，或者說：「你覺得其他人面對被裁員，會怎麼想，會怎麼做？」

同理，當自己處在負面情緒裡不可自拔時，也要想想還有哪些可能的信念Ｂ，是不是自己對事件Ａ的解釋太狹隘了，鑽牛角尖了。比如捫心自問：面對客戶拒絕，爲什麼那些頂尖業務員就能泰然處之，越挫越勇，而我就打起了退堂鼓，一定是我對被拒絕這件事情的認識和頂尖業務員不一樣。用情緒ＡＢＣ理論勸慰自己，能幫助我們走出陰影，做情緒的主人。

三種常見的不合理信念

日常生活中有三種常見的不合理信念（即Ｂ），當自己或身邊人有這種想法時，頭腦裡就要亮起警示燈，否則會導致惡劣的情緒和行爲（即Ｃ）。

1. 絕對意志

有這種想法的人就像一個長不大的嬰兒一樣，以自我爲中心，周圍人必須支持、喜歡、關愛他，順從他的想法，否則這個世界就是可惡的、不合理的。

比如，「我明明已經很努力了，爲什麼還不成功？努力就會成功，我應該成功才對！」、「她是我女朋友，就應該愛我、呵護我，我這次遇到困難，她居然沒有安慰我，這還是女朋友嗎！」

當一個人的語言中經常出現「絕對，必須，一定，應該」等詞彙時，就要警惕絕對意志這種不合理信念。

2.以偏概全

用偶然代替必然，用局部指代全局，就像盲人摸象一樣，陷入狹隘的、錯誤的認知。比如，遇到一兩件煩心事，就認爲這個世界和自己處處作對，老天爺對自己不公平。或者，看到別人的一個缺點，就認爲對方一無是處，不值得交往。以偏概全這種不合理信念，會蒙蔽我們的雙眼，讓我們失去理性的判斷和認識。

3.糟糕至極

當遇到挫敗事件時，會主觀地放大其不良後果，自己嚇唬自己，認爲遇到了最糟糕的情況，陷入不必要的恐慌和擔憂中。

比如，在公司裡競爭失敗，就覺得自己這輩子都不可能升職了；失戀了，就認爲全世界的男人都是渣男，自己再也不可能遇到眞愛了；搞砸了一個項目，就認爲自己一無是處。如果長期處於糟糕至極的信念，人就會變得頹廢、無助、自卑。

絕對意志的信念讓人幼稚，以偏概全的信念讓人偏執，糟糕至極的信念讓人焦慮。這些不良行爲和情緒背後的原因，不是已經發生的客觀事實，而是人們的認知，不同的認知導致了不同的結果，甚至不同的命運。

投射效應：避免以己度人

有這樣一個耐人尋味的故事：甲和乙先後出國做船員，走的是同一條航線，但是兩個人對外面世界的描述和評價卻是截然相反的。甲一路上遇到的都是好人，認為世界很美好，而乙卻遇到了無數的壞人，認為世界很凶險。

什麼是投射效應

如果從心理學的角度來解釋這件事，就需要提到一個概念「投射效應」，是指一個人把自己的喜好、認知、情感，強加在其他人身上，認為他人和自己有同樣的傾向。成語「以己度人」說的就是這種心理。

心理學家羅斯做過一個實驗：詢問八十名大學生是否願意背著一塊大牌子在校園裡走動，結果，其中四十八名大學生選擇願意，並且認為大部分學生也會願意，其餘三十二名大學生選擇不願意背牌，並且認為其他多數人也不會願意。可見，人們會想當然地以為別人的觀念和自己一樣。

投射效應有其合理的一面，可以幫助我們透過自己的閱歷和體驗，更好地理解周圍的人，培養同理心。比如「老吾老以及人之老，幼吾幼以及人之幼」、「己所不欲，勿施於人」，就是很好的例子。

同時，我們更應該警惕投射效應的不利影響，人與人之間存在很多相似之處，但也存在大量差異，我們要正視、承認、尊重這些差異，否則會引起誤解，帶來衝突。

比如，一個喜歡吃辣、口味偏重的人，在和朋友、同事聚餐時，如果想當然地認爲別人和自己一樣，只點自己喜歡吃的菜，或者只去自己喜歡的餐廳，那麼會被認爲自私、霸道，或缺乏教養。

我在大學期間去一個公司實習，遇到一個特別喜歡吃辣和喝烈酒的主管，他認爲是這些刺激性的飲食治好了自己的胃病，美其名曰「以毒攻毒」。他要求下屬也跟著大量吃辣、喝烈酒，導致那段時間我出現了嚴重的腸道問題，至今回想起來都心有餘悸。

再比如，以小人之心度君子之腹，一個心胸狹窄、心懷叵測的人，認爲其他人也是如此，因此處處提防，甚至先下手爲強，主動選擇與周圍的人爲敵。很明顯，這樣的人道路會越走越窄，最終自證預言，眞的活在一個「非常凶險的世界」，就像開頭例子中的乙一樣。

另外，父母和子女之間的矛盾，有很大一部分是父母的投射效應造成的，也就是父母以過來人的身分自居，把願望、想法強加到孩子身上，但孩子畢竟不是父母的複製品，他們有自己獨特的基因、經歷、偏好。如果父母強迫孩子選擇某個專業、和某個人結婚、做某一份工作，或許初心是為孩子好，殊不知卻害了孩子。

著名電影《春風化雨》中，高中生尼爾被父親強迫辭去校刊編輯工作，被要求不准參加戲劇表演，必須要考上哈佛大學，並成為一名醫生。然而，尼爾已經找到了自己的人生夢想——成為一名演員。最終，父親強迫他轉校時，導致了悲劇的發生。

怎樣避免投射效應的不利影響

1.保持開放，盡量多瞭解事實

以己度人引起誤會後，人往往會特別後悔，埋怨自己太著急、太武斷。比如，一位房產銷售員看到顧客穿著樸素，認為對方窮，買不起房，就沒有太用心招待。結果另一位同事熱情地和顧客交流，最終成交了兩套新房。原來顧客是一位小有成就的企業主，只是向來穿著隨意。

其實在溝通中保持一顆開放的心，多傾聽，多提問，就能收集到大量有用的信息，從而避免誤判、誤解。

比如，一對彼此愛慕的青年男女，本來有機會向對方表達心意，但是本能地拿自己的閱歷和價值觀來猜測對方，以爲對方不會喜歡自己，即使表白了也是自討沒趣。然而多年後發現，其實對方也曾喜歡自己，只是此時雙方已經不可能在一起了，懊悔不已。如果有任何一方摒棄投射效應，眞誠地溝通，也許會促成一段美滿的姻緣。

喬哈里溝通視窗告訴我們，人與人之間的盲區非常多，很多事實你知道，但別人不知道；反過來，也有很多事實別人知道，但你不知道。所以需要我們盡量保持開放，把自己知道的告訴對方，透過詢問和傾聽瞭解對方知道的，這樣才能避免訊息不對稱帶來的不利影響。

2.尊重差異，認識到別人有不同之處

人與人之間有很多相似點，但也有大量不同。如果只認識到前者，不承認後者，那麼就會給自己憑添很多不必要的麻煩。

比如，有人認爲肥胖都是不自律、意志力不足造成的，因此有點看不上胖子。但事實上，肥胖的背後有多種原因，可能是遺傳、疾病、壓力等，或許人家已經爲減肥付出了艱苦卓絕的努力，只是外人不知道而已。

如果用自己單一的價值觀來衡量和評判他人，就會造成認知狹隘，理解不了世界的豐富性和複雜性。

我的家鄉在偏僻的農村，自己靠著刻苦學習考上了大學，來到大城市定居，漸漸地在老家人面前產生了一種優越感，有時候看不慣他們的生活態度，認爲他們的命運都是自己不努力、不爭取造成的。後來隨著思想的逐漸成熟，我認識到，自己以前的想法是狹隘的，每個人除了自身原因外，也受到社會環境、時代背景的制約，有時候後者的影響甚至更大。

目光再放遠到全世界，每個國家、地區的人都有自己獨特的風土人情，如果自己不適應、不喜歡別人的生活方式，就認爲別人很奇怪、有問題，那就是被投射效應帶到歧路上去了。

自己的生活方式、價值觀不是唯一正確合理的。有人喜歡喝可樂，有人喜歡喝茶；有人練瑜伽，有人打太極；有人生活在熱帶雨林，有人生活在冰天雪地。我們要尊重差異，承認別人的不同，甚至可以廣泛學習，博采眾長。

3.避免預設，不要想當然

我們在和他人交往時，會不自覺地有某種預設，然後透過接觸和交流，來驗證自己的預設。這種做法有時候能幫到我們，比如快速識人，但有時候會造成問題，甚至自證預言，掉進自己挖的坑裡。

比如，一個專家向外行介紹專業知識，使用大量的專業術語、複雜的概念，導致別人聽得雲裡霧裡，這樣的專家就陷入了「知識的詛咒」，即默認別人都能理解專業知識。

再比如，一個主管對遲到的下屬非常不滿，認爲他對工作缺乏責任心。妻子對丈夫忘記自己的生日耿耿於懷，認爲這是缺乏愛的表現。這些情況都是站在自己的立場，用自己的思維來預設別人，極有可能帶來溝通障礙。

那麼，我們應該怎麼做呢？筆者認爲，有預設，不如沒預設；惡意的預設，不如善意的預設。

蘇格拉底說：我唯一知道的，就是我一無所知。先哲的話不僅僅是謙虛，而是一種眞實有效的認知方式。當我們不加預設地和他人溝通時，會耐心地傾聽每一句話，詢問自己不懂的地方，看似溝通過程很慢，但其實是最高效、對雙方最有利的。

另外，即使有預設，也不要有惡意的預設。比如前文的例子中，主管面對遲到的下屬，先默認對方有合理的難處，耐心地詢問其具體情況。前面案例中的船員甲默認世界是友好的，他人是善良的，後來也確實「驗證」了自己的預設。

有人可能會想：我這樣做，會不會太傻，會不會吃虧？其實，在現代文明社會裡，這是對自己更有利的思維方式。我們處在一個老實人比精明小人活得更好的時代，你給別人善意的預設，如果被欺騙，那麼下次不給這樣的人機會即可，但不必因噎廢食，對其他人還是要從善意的預設開始。

總之，以己度人需要把握一個度，才能避免投射效應造成的不利影響。我們可以有自己的喜好、願望、情感，但不能都強加在別人身上，不能以此去揣測別人。

正如孔子所說：君子和而不同。別人想的和你不同，是很正常的。

第四章◆這樣說，增強說服

短時記憶：讓別人記住你的話

我們和別人交流時，有時候希望別人能記住我們所說的重點。比如，告誡孩子暑假要做好哪些事，結果孩子左耳進、右耳出，很快就忘記了。在工作場合發言，希望大家能記住你精心提煉的八條經驗，結果同事卻只能回憶起來兩三條。反過來，我們在聽別人說話時，想記住對方的要點，結果卻經常掛一漏萬，難以記住。

除去態度問題，單就記憶能力方面，心理學的研究成果可以給我們幫助，讓我們說的話更容易被別人記住，同時我們也更容易記住別人說話的重點。

什麼是短時記憶

美國心理學家喬治．米勒（George A. Miller）在其論文《神奇的數字 7±2：人類對訊息加工能力的局限》中提出，人在短時間內能記住的訊息數量通常是「7±2」，也就是五到九個。

這個理論的高明之處還在於：它指出，人可以把若干訊息點進行編碼，形成組塊。

也就是說，短時記憶的數量其實是五到九個訊息組塊，這就大大增加了人的記憶廣度。

舉個例子，我們記十三位的手機號碼時，已經超出了短時記憶的數量，所以通常把手機號碼分成三段來記，每一段記三到四個數字就行。記十八位的身分證號碼也是同理。

怎樣讓別人記住你的話

短時記憶給我們在說話方面的啓發是，如果你要表達的重點比較多，最好進行分類，每一類下面講少量重點，這樣能方便別人記住。一般來說，書面語言的分類最好不超過七點，口頭表達的分類最好不超過四點。

比如一個人說：我有八個愛好，分別是游泳、跑步、畫畫、彈吉他、網球、攝影、讀書、旅遊。就不如說：我有三類愛好，運動方面我喜歡游泳、跑步、網球，藝術方面我喜歡畫畫、彈吉他、攝影，開闊眼界方面我喜歡讀書和旅遊。當然，也可以是別的分類方式，總之要方便別人理解和記憶。

我曾經聽一個好朋友講他相親對象的事，最後我給他總結說：「這個女孩挺好的，根據你的描述，她至少有三個優點。第一，她很上進，工作後考了好幾個證照，而且還經常參加讀書會；第二，她很有趣，去講過脫口秀開放麥，玩過高空彈跳，喜歡爬山；第三，她比較寬容，你約會遲到了，她也沒有過分指責，在餐廳吃飯，對服務員的失誤也能大度原諒。」這位朋友聽完後，連連稱讚，覺得我比他還要瞭解這個女生。其實我只是把他說的訊息點進行了分類歸納而已。

演講培訓班的一位學員，曾經把他的年終總結簡報發給我，請我幫忙指導。我看完後，感覺雜亂無章，因為他羅列了十點工作內容，但是沒有進行合理的分類和排序，這樣別人聽起來肯定會認為缺乏重點、思路不清。

所以我給他的建議之一，就是對內容進行分類，比如分成項目前期、中期、後期三部分工作。也可以分成公司內部和外部工作，公司內部工作又分成業務和管理兩部分。分類後，每部分下面講三四項工作內容，這樣別人聽起來就會更清晰，更容易理解。

總之，我們在說話時，可以有意識地對自己的內容進行分類，尤其是在重要場合的正式發言，更要做到條理清晰。在聽別人說話時，如果對方傳遞的訊息雜亂無序，你也可以試著進行分類理解和記憶，成為善於傾聽的有心之人。

中心路徑和外圍路徑：怎樣選擇說服策略

美國前總統尼克森曾說：如果讓我重進大學，我將修好兩門課——演講和說服。說服是日常生活中常見的溝通類型，也是很多人希望提高的能力。

我們從心理學的角度，學習一下怎樣說服。心理學家經過研究發現，說服通常包括兩種途徑：中心路徑和外圍路徑。

什麼是說服的中心路徑和外圍路徑

中心路徑是指從理性的角度出發，用翔實的事實、數據、細節等證據說服對方。比如，一名銷售向顧客介紹產品的功能、價格、質量，以打動顧客。

外圍路徑是指從感性的角度出發，用通俗易懂的故事、吸引人的視覺形象，或者從人際關係方面著手，來說服對方。比如，銷售對顧客說：「我們品牌的形象代言人是某某明星，品質絕對放心」、「大家都買了，你再不買就落伍了」、「請幫幫忙，我今天如果沒完成銷售業績，就要被辭退了」。

總之，中心路徑的重點是：我說的內容本身是有道理的，經得起論證和推敲。所以，中心路徑下，說服效果會更持久，說服對象較少出現事後反悔，甚至會越想越認可。

外圍路徑下，表述的內容和事物本身的性質關係不大，採用「殊途同歸」的方式達到勸說目的。說服對象當場被打動，事後仔細揣摩，可能不覺得有道理、有必要，甚至有一種「被操弄」的感覺。

這兩種路徑沒有好壞優劣之分，只是適用的範圍和方式不同。實際上，人們在勸說時，經常將兩者結合使用，正所謂「動之以情，曉之以理」，動之以情就是外圍路徑，曉之以理就是中心路徑。

什麼情況適合採用中心路徑

從說服者角度看，如果掌握充足、權威的論據，有清晰的邏輯思路，就適合採用中心路徑。從說服對象角度看，如果面對相關的專業人士、善於理性思考的人、認知較高的人，而且有興趣積極聆聽，那麼就要採取中心路徑。

比如，在大部分商務提案、工作彙報中，演講者都需要拿事實和數據說話，否則會被認爲缺乏說服力。再比如，組織或個人購買金額較高的產品時，會更謹慎，此時銷售者就需要在中心路徑方面下功夫，突出產品本身的質量和特點。

採用中心路徑時，既要盡量使用準確和真實的論據，同時也要採取嚴謹的論證過程，比如常見的歸納和演繹推理。

什麼情況適合採用外圍路徑

當勸說對象是不懂某個領域的外行、比較感性的人、認知較低的人，或者沒時間深入瞭解，興致不高時，就可以採取外圍路徑來勸說。

就像我們在購買普通商品時，通常不會花大量時間研究其成分、作用，而是根據品牌形象，或者憑感覺，看包裝，這也是商家重點下功夫的地方。他們除了強調商品的品質（中心路徑），還會重點關注設計包裝和廣告宣傳語，請明星代言，開展促銷優惠活動，這些都是外圍路徑的說服策略。

社會心理學家羅伯特．席爾迪尼（Robert B. Cialdini）的著作《影響力》，詳細描述了採取外圍路徑勸說他人的六種策略：互惠、一致、從眾、喜好、權威、稀缺。這些策略都利用了人的本能和心理規律，下面我們逐一說明。

1. 互惠

面對他人的某種恩惠，我們會本能地想給予回報。比如去逛超市時，本來不準備買某種商品，但是推銷人員熱情地邀請你試吃或試用，結果你礙於情面，就乖乖買單了。心裡還在說服自己：這就是我想要的，這很划算，這個商品品質滿好的。

發現了嗎？推銷人員說服你，採取的是外圍路徑。而你說服自己，採取的是中心路徑。我們以爲自己是理性的，其實很多時候是感性的。

2. 一致

人們如果先前做過某種承諾，發表過某個觀點，那麼之後就會盡力讓自己的言行和之前保持一致。「一諾千金」、「君子一言，駟馬難追」說的就是這種前後一致。

比如，公司在召開動員大會時，請團隊成員一起宣誓，那麼之後再進行說服和管理時，就會更加容易。再比如，人們購買商品或服務時，如果支付了訂金，那麼這筆交易完成的概率就會大大提高，畢竟誰都不想成爲言而無信、「打自己臉」的人。

3. 從眾

如果我們看到其他人都在做某件事，就會認爲這樣做是有道理的，從而更容易加入其中。這在心理學上被稱爲從眾效應，是人類社會的一種普遍現象。

比如，你路過一家奶茶店，本來不打算買，但是看到一群人在排隊，心想這家店的奶茶一定很好喝，於是也加入到排隊中。所以，有時候商家會安排「樁腳」扮演消費者，以吸引其他顧客，就像樓盤開售時熱鬧非凡的售樓大廳，其中一部分就是地產商邀請的「自己人」。

還有網路詐騙社群，其中絕大部分成員都是「樁腳」，只有少量幾個人甚至只有一個人是精準被騙對象，在看到其他人都紛紛投資或下單時，這個人也就跟著做了。所以遇到這種情況要注意辨別。

4. 喜好

人們對於自己喜歡、和自己相似的人提出的要求，更容易相信和答應。正所謂「愛屋及烏」、「物以類聚，人以群分」。

因此，有的人放長線，釣大魚，先和陌生人建立關係，慢慢成爲朋友，然後再推銷自己的產品或服務。比如部分保險代理人發展客戶，就是用這種方式。生意場上先宴請、拜訪、交流，彼此熟悉後，再談合作。

也有人用短線思維，利用喜好心理迅速拉近關係，達到勸說目的。比如找到彼此的相同之處，可能是老鄉、校友，有相同的行業或崗位經歷，有相似的興趣愛好，都是二孩寶媽，等等。我們參加校友會、地方商會、行業論壇、家長會等活動時，會不自覺地產生一種親近感，更容易被其他人影響和說服。

5. 權威

權威形象會讓人本能地產生服從和敬畏心理。比如醫生、警察、法官等職業人士穿上制服，就會對他人產生強大的影響。如果他們身著便裝，出現在日常生活中，影響力就會降低。

心理學家津巴多（Philip George Zimbardo）在史丹佛大學做過一個著名的監獄實驗：二十四名心智正常的志願者，被隨機分爲十二名獄警、十二名囚犯。雖然大家都心知肚明這只是一個實驗，不是眞的，但很快就進入了和眞實監獄類似的模式，獄警開始顯示權威，囚犯開始害怕獄警，並嘗試反抗，又被制服，有的囚犯甚至瀕臨崩潰。這個原本計畫十四天的實驗，在第六天被迫終止。史丹佛監獄實驗證明了權威對人的強大影響力。

權威既包括外在的穿著形象，也包括無形的頭銜、身分。當我們希望影響和勸說他人時，要注意打造自己的權威性、專業性。比如，你面前有兩位陌生的律師，一位西裝革履，另一位穿著隨意，在兩人有水準相當的資歷、口才情況下，你會更容易被前者所打動。

6.稀缺

某種物品或某個機會短缺時，更能激發人們的行動力。「物以稀爲貴」、「機不可失，時不再來」、飢餓營銷等勸說語言或措施，都利用了稀缺策略。

比如，購物節期間商家的宣傳語「全年最低價，錯過等一年」、「瘋狂大甩賣，最後一百件」，拍賣場上主持人的引導語「二萬元第一次，二萬元第二次，最後一次機會」，都是在激發人的稀缺心理，達到影響和說服的目的。

假設起點是現狀，終點是勸說目標，那麼從起點到終點的直線就是勸說的中心路徑，它不繞彎子，直奔主題，靠理性直接說服。從起點到終點的各種彎彎曲曲的線路，就是外圍路徑，它有多條路線，向著同一個終點迂迴前進，靠感性間接說服。

當我們要說服他人時，需要考慮怎樣利用中心路徑和外圍路徑。

框架效應：影響別人的想法和決策

面對同樣的半杯水，「哇！還有半杯水」和「唉！只剩下半杯水了」，這兩種說法給人的感覺是截然不同的，前者是正面表達，激發了人的積極情緒，後者是負面表達，激發了人的消極情緒。其背後有一個心理學理論：框架效應。

什麼是框架效應

框架效應是指人們對同一個客觀問題的不同描述，導致了不同的決策判斷。這個理論的提出者是康納曼和特沃斯基（Amos Nathan Tversky），他們用心理學的方法研究經濟學，獲得了諾貝爾經濟學獎。

康納曼做過一個著名的實驗：假設我們要面對一種傳染病，這個病預計會奪取六百條生命。我們有兩種方案，如果用保守方案，有二百個人能確定活下來；如果用冒險方案，有三分之一的概率六百個人都能活，有三分之二的概率一個人也活不了。請問你傾向於選擇哪種方案？

接下來換一種說法：面對同樣的狀況，如果用保守方案，有四百個人確定會死；如果用冒險方案，有三分之一的概率沒人會死，有三分之二的概率六百人全都會死。請問你傾向於選擇哪種方案？

實驗結果是：第一種說法中，有七十八%的人會選擇保守方案；第二種說法中，七十%以上的人會選擇冒險方案。你也發現了，其實兩種說法的本質是相同的，只是表述方式不同，第一種表述引導人們關注確定存活帶來的欣慰感，第二種表述引導人們關注確定死亡帶來的痛苦感。

怎樣影響別人的想法和決策

根據框架效應，我們在面對客觀事物時，可以根據自己的目的，選擇相應的描述方式。如果希望對方減少某種行爲，就要激發他的消極情緒，突出負面因素；反之，如果希望對方增加某種行爲，就要激發他的積極情緒，突出正面因素。

1. 勸說戒菸

比如，你勸說朋友戒菸，可以講講吸菸的人當中，患肺癌者所占比例有多高，而不是吸菸的人當中，身體健康者所占比例有多高。

但是，當你的朋友眞的因爲吸菸得了肺癌，你爲了鼓勵他堅定治療信念，要說肺癌病人的存活率有多高，而不是死亡率有多高。你看，面對同一件事，僅僅是換一種說法，就能影響人的想法乃至決策。

2.「刻度尺」話術

「刻度尺」話術也利用了框架效應，當你勸說別人時，可以請他打分。比如，爲了引導一個悲觀的人關注積極和幸福的一面，你可以說：「假如你給自己的現狀滿意度打分，一到十分，你會打幾分？」對方可能回答四分、五分，甚至一分。

你可以繼續說：「嗯，有點超乎我的預期，沒想到你打四分，我本來以爲會更低，這四分裡有哪些讓你感到滿意的事呢？」對方會說出自己感覺良好的一面，從而激發積極情緒。

反之，當你給一個驕傲自大的人潑冷水時，就要引導他關注負面因素。比如可以說：「聽說你這次活動辦得很成功，我很好奇，假設你給這次活動打分，一到十分，你會打幾分？」對方可能回答九分甚至十分。

你繼續說：「聽你的口氣，還有那麼一點點是不太滿意的，那是什麼呢？可以聊聊嗎？」對方會說出讓他感到不滿的一些事，你再進一步追問，就會激發他的消極情緒，關注到自己不足、有待改進的一面，從而對自己有更加全面客觀的認識。

3. 好消息和壞消息

當你有多個好消息告訴別人時，要分開一次次說，這會讓對方的快樂加倍；反之，當你有多個壞消息時，要一次性告訴對方，這會最大程度降低對方的痛苦。

比如，老闆獎勵員工，今天說：「這次項目做得很成功，每個人發獎金三千元。」員工聽了以後高興好幾天。過了幾天老闆又說：「另外，經過公司討論，獎勵項目團隊去九寨溝旅遊四天。」員工又會高興很長時間。但是兩個好消息放在一起公布，帶給員工的快樂程度就不如前者高。

一位企業主發現公司同時面臨多個重大問題，包括資金短缺、大客戶流失、新專案被迫停止，最好在一次會議中向團隊說明所有問題，讓大家意識到現實情況的嚴峻程度，集中精力討論全面的對策。反之，如果企業主分三次會議，每次講一個問題，會讓團隊感到接連被打擊，疲於應對，失去信心。

總之，同樣一件事，你這樣說，別人可能就會這樣想、這樣做；你那樣說，別人或許就會那樣想、那樣做。表面上是語言的藝術，背後其實是對心理和人性的揣摩。學點心理學知識，眞的能幫助我們更會說話。

對比效應：善用對比，更有衝擊力

家長如果經常拿自己的孩子和「別人家的孩子」比較，會讓孩子越來越沒自信。你去商店買東西，看到原價一千元的產品，優惠促銷價是六百元，會覺得很划算，購買的可能性大大提高。你在工作中，會把兩個上司或下屬、客戶進行比較，感覺其中好的一方越發好，而相對差的一方會越發差。這背後都有對比效應在起作用。

什麼是對比效應

對比效應起源於對人的某個感官進行不同的刺激，進而讓人產生對比明顯的不同感受。

有一個實驗，讓參與者的左手伸進熱水裡，右手伸進冷水裡，感受不同的溫度。然後把兩隻手同時伸進常溫的水裡，這時兩隻手感受到的溫度是不同的，左手感覺水更涼，而右手感覺水更熱。這是對比效應的體現。

下面兩幅圖，中間的灰色小正方形，哪個看起來更亮？是不是左邊的？但其實兩個小正方形的灰度、亮度是一樣的，只是左邊在黑色輪廓的映襯下，顯得更亮，而右邊小正方形在淺灰輪廓的映襯下，顯得更暗。這就是感覺上的對比效應。

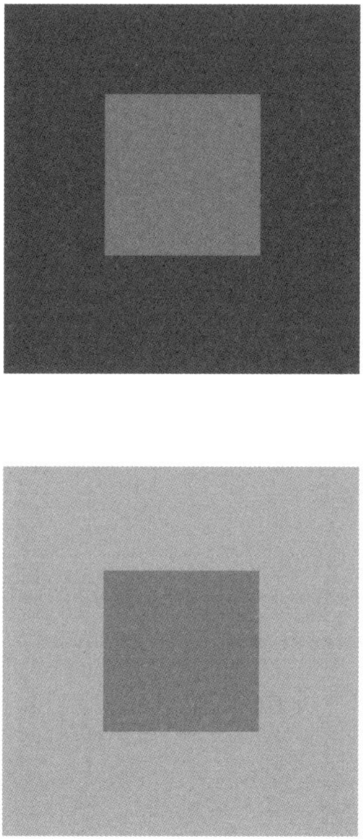

對比效應擴展到思維、觀念領域，也是一樣存在的。

《誰說人是理性的》的作者丹・艾瑞利（Dan Ariely），在麻省理工學院做過一個研究，請學生在以下兩種方案中做出選擇：第一種是用五十九美元訂閱《經濟學人》的全年電子版雜誌，第二種是用一百二十五美元訂閱紙質版雜誌，同時免費贈送電子版。結果六十八％的人選擇電子版，只有三十二％的人選擇紙質版加電子版。

如果把訂閱方案調整一下，除了前面說到的兩種之外，再增加第三種：一百二十五美元只訂閱紙質版雜誌，不贈送電子版。結果願意用一百二十五美元訂閱紙質版+電子版的人，從之前的三十二％，提高到了八十四％！僅僅是增加了一個看似多餘的選項，就形成了強烈的對比，顯得第二種方案非常划算，進而影響人們的想法和決策。

怎樣善用對比，讓語言更有衝擊力

對比效應對我們在說話和做事方面，有什麼指導價值呢？總的原則就是：有時候我們要善用對比，讓好的顯得更好，差的顯得更差；有時候我們不要對比，否則會給別人帶來傷害，讓對方感覺更糟糕。

1. 讚美別人時，可以和他的過去對比，或者和他的同類人對比

比如，讚美一個女生身材好，如果只是說「你身材眞好」，就很普通。但如果說「幾個月不見，你變化好大啊，身材更苗條了」，或者說「都是二寶媽媽，別人生過兩個孩子後，身材都走樣了，你這一看，好像跟沒生過孩子似的，身材太好了」。這樣對比式的讚美，會放大一個人的優點，讓對方更開心。

你讚美上司，如果只是說「主管，您水準眞高，眞是高人」，就顯得沒水平。但如果說「像您這樣級別的主管，還能對一線業務瞭如指掌，眞讓人佩服」，這樣的對比就會凸顯出上司與眾不同的優點，讓你的讚美效果更好。需要注意，只能和上司的同類人——也就是和同級別的其他主管對比，不能和下屬對比。比如說「主管，您水準比我高多了，佩服啊」，這種讚美會讓上司感到不適，不如不說。

2.教育孩子，或指導下屬時，不要輕易和其他人對比

沒有對比，就沒有傷害。我們從小到大最討厭的人之一，就是「別人家的孩子」，但是很多家長偏偏就喜歡拿自己孩子和別人家的孩子對比。比如對孩子說：「人家小明考了九十八分，你才考了六十五分，都是一個班的，你怎麼就不能跟人家好好學學呢」、「你鋼琴考試連五級都考不過，隔壁小紅都已經考過十級了」。

作爲過來人，大部分成年人在小時候都聽過類似的話，也知道這些話對自己的傷害有多大，所以就不要再對自己的孩子說出類似的話了。在對比效應的作用下，這樣的對比會讓孩子感覺很糟糕，覺得自己不如別人，進而盲目低估自己，產生自卑心理。

在職場上，有些主管喜歡把不同的下屬比來比去，並且在下屬面前說出來，這會給

下屬帶來不必要的壓力，甚至會讓下屬產生無助感，嫉妒其他同事。在上司的公開對比之下，下屬身上本來普通的問題和不足，會顯得更加糟糕。

3.面對客戶時，要善用對比，讓客戶感覺更划算，更願意買單

我在買二手屋時，就親身體驗過房屋仲介的「圈套」。一個二十多歲的小女生，帶著我和愛人先看了三套比較差的房子，要嘛是社區老舊，要嘛是房子裡面裝修不好，然後帶我們看了一套相對好的房子，我和愛人瞬間眼前一亮，感覺這個房子簡直太好了，恨不得立即買下，免得被其他人搶走。

這就是房屋仲介利用對比效應，讓客戶產生的錯覺：差的顯得更差，好的顯得更好。如果只看相對好的房子，你感覺不到什麼，也就不會產生想買的衝動。

向客戶報價時，可以先展示高價產品，然後展示低價產品，客戶就會感覺後者更划算。比如，我有面向客戶端用戶開設的演講培訓課程，一對一私教服務是三萬元，報小班制的演講訓練營，學費是三千九百八十元，對比之下，後者的性價比就很高。

向客戶報價時，也可以先展示原價，然後展示打折價或促銷價。這是商家的常規套路，雖然屢見不鮮，但是效果屢試不爽，因爲消費者很難抵制住對比效應帶來的誘惑。

很多商家會故意設置一些價格高得離譜的產品，目的不是要賣出去，而是和常規產品形成對比，讓後者看起來更便宜，引導客戶下單。比如，一款禮盒的旗艦版價格是二千元，豪華版價格是一千五百元，精美版價格是九百九十八元，商家真正想促銷的往往是最後一種。

4.要提防對比效應帶來的不利影響，避免陷入非理性判斷

比如在商家促銷時，衝動消費，買了自己根本不需要或者價格虛高的東西，事後懊悔。

在相親時，遇到差距很大的兩個人，心裡會把好的那位想像得更好，差的那位想像得更差。其實如果沒有強烈的對比，前者不見得有多好，後者也不見得有多差。

在社交活動上，接連遇到幾個無趣的人，突然遇到一個有趣的人時，會放大他身上的優點，覺得這個人太好了。其實這裡面有誤判和高估的成分。

觀摩比賽時，一位表現優秀的選手後面，如果是一位表現普通的選手，會感覺後者更差；或者，前面幾位選手都表現平平，突然來了一位優秀的選手，會讓你眼前一亮，覺得這位超級好，評委會打出高分，觀眾會產生高估判斷。

總之，該對比的時候對比，不該對比的時候別對比。多用對比做一些利人利己的事，避免非理性對比讓自己產生誤判。

歸因理論：怎樣解釋，讓人更理智

當一件事發生後，人的本能是尋找原因，進行解釋。比如，伴侶提出分手，可能解釋爲「他（她）不愛我了」，也可能解釋爲「他（她）愛上別人了」。考試失敗，可能解釋爲「我運氣太差了」，也可能解釋爲「我太笨了」。不同的原因解釋，會帶來不同的心境，導致不同的行爲。

心理學中的歸因理論值得我們學習，在幫助自己或他人分析成敗的原因時，要更加合理地歸因，進而優化之後的行爲。

心理學家海德（Fritz Heider）提出，事件的原因有兩種：一是內因，比如情緒、態度、人格、能力等；二是外因，比如外界壓力、天氣、情境等。

心理學家韋納（Bernard Weiner）對歸因進行了細化，提出內部因素包括：能力、努力、身心狀況，外部因素包括：工作難度、運氣、外界環境。衡量這些因素的維度，除了內外部，還有穩定性和可控性。

穩定性是指在時間上是否前後一致，比如人的能力在一段時間內是相對穩定的。可控性是指在性質上是否由個人意願決定，比如努力程度是可以主觀決定的，但是外部環境就不是個人所能控制的。

我們透過下面的表格能理解得更清楚：

因素	能力	努力	身心狀況	工作難度	運氣	外界環境
內外部	內部			外部		
穩定性	穩定	不穩定	不穩定	穩定	不穩定	不穩定
可控性	不可控	可控	不可控	不可控	不可控	不可控

根據以上歸因理論，關於怎樣解釋原因，能讓自己更理智，筆者有以下建議：

1. 當自己成功時

除了肯定自我能力和努力，也要考慮外部因素，比如難度可能比較小，運氣好，外界環境有利，他人幫助。這樣可以讓我們少一分狂傲，多一分謙遜。

舉個例子，甲和乙在同一家公司做業務員，業績都很好。甲認爲自己在銷售方面天賦異稟，比其他同事高明，因此自信狂妄，不思進取，不把其他人放在眼裡。而乙對自己的能力也感到自信，但同時他也知道背後有行業紅利和公司品牌的原因，不全是自己的功勞，因此很謙虛，繼續提升自己的能力，學習行業內外的新知識。三年後，行業重新洗牌，大量公司倒閉，他們所在的公司也遇到困境。甲因爲得罪了很多人，而且能力沒什麼長進，被公司裁員。而乙則被提拔爲業務部負責人，帶領團隊度過了難關。這就是不同歸因導致的不同行爲和結果。

滿招損，謙受益，這句古語至今仍適用。爲什麼有些人會驕傲自滿？因爲歸因時沒考慮外部因素，而謙遜的人明白，自己的成功有運氣成分，還有大環境和其他人的幫助。

一些知名大公司的職員離開原來的平台後，發現自己能找到的工作薪水大幅下降，原來，之前的榮耀和光環都是公司給的，自己的能力並沒有想像中那麼強。這同樣是忽視外部因素的例子。

2.當自己失敗時

遇到挫折、失敗時，我們當然應該首先找自身原因，但是如果過分強調自己的努力不夠、能力不行，就會陷入無助、無力的狀態，甚至會「習得性無助」，出現抑鬱情緒，嚴重的情況還會患上抑鬱症，認爲自己是一個徹頭徹尾的失敗者。

這時我們應該寬慰自己兩點：第一，內因方面，能力在短時間內難以改變，但是可以慢慢提升，需要持續學習和訓練；努力是可以主觀控制的，要投入更多精力和時間。第二，外因方面，也要認識到運氣、難度、外界環境的重要性，所謂「萬事俱備，只欠東風」，即便萬事俱備，但如果沒有東風這個外因，事情也還是辦不成，因此不要過分自責。

比如，同樣面對大學考試失利，甲的內心對話是：這次考試太難了，明明上一次的考試題目沒這麼難，我太倒楣了。甲認爲是外部因素造成的，會繼續選擇下一次考試碰運氣，聽天由命。

乙的內心對話是：很多題目我都沒做過，說明複習還不到位，需要繼續做題。乙從努力程度這個內因上分析問題，得到的結論是自己需要更努力。

丙的內心對話是：我考這麼低，看來天生就不是讀大學的料，算了，以後不考了。丙把原因歸結爲自身能力這個內部因素。

甲乙丙三個人中，誰的歸因最合理呢？沒有絕對的答案。從行動層面來看，乙最務實，在以後的考試中會逐漸提高成績。甲雖然沒有否定自己，但是把希望寄託於外部的運氣，缺乏主觀能動性。最不可取的就是內的歸因，他沒有認識到自身努力的因素以及外部因素，不僅放棄了通過考試的機會，而且否定了自己，長此以往，容易自卑，甚至自暴自棄。

再比如，失戀、離婚中，被「拋棄」的一方，當然要從自身找原因，思考自己在這段關係中有哪些對錯得失，以便在下一段關係中調整自我。但如果只看到自己的問題，就容易陷入沮喪情緒不能自拔，甚至認爲自己一無是處，再也找不到合適的伴侶了。因此也需要考慮外部因素，比如對方也有過錯，雙方都挺好，但彼此不合適，等等。

總體來說，成功、樂觀時，想想外部因素，讓自己冷靜一點，避免頭腦發熱、狂妄自大；失敗、悲觀時，除了從自身找原因外，也要適當考慮外部因素，避免過分沮喪和自責。

3. 評價別人的成敗時

當別人成功時，人們會羨慕、嫉妒，容易把對方的成功歸結爲運氣好、有人脈、把握了機遇等外部因素，這樣的歸因對自己沒有價值。此時可以思考一下別人成功背後的內部因素，比如他的能力如何、努力程度怎樣、身心狀況等，這些是我們能從中學習和借鑑的。

當別人失敗、犯錯時，不要只抓住內部因素不放，認定其能力不行、品德不行、努力不夠，也要想想可能有哪些外部因素，這樣可以讓我們更加寬容，有同理心。比如，你的下屬把專案搞砸了，如果不瞭解背後的原因，就武斷認爲其缺乏責任心、能力不夠，對其批評一頓，可能會產生誤解，因爲也許有外部不可控的因素。

聖賢能做到嚴以律己，寬以待人，但普通人往往會寬以待己，嚴以律人。自己遲到了，會原諒自己，因爲遇到大塞車，可以理解；但是別人遲到，就是責任心有問題。自己去酒吧，是因爲心情不好，可以理解；別人去酒吧，就是不正經。自己闖紅燈，是因爲趕時間，而且確認了路況安全，可以理解；但是別人闖紅燈，就是素質低，不守規則。

這些都是單一歸因造成的認知偏差，如果想讓自己更加開放和包容，就不要把別人的問題都歸結於單一原因，或者只考慮內部原因。

4.面對別人的問題時

在人際交往中，遇到別人不配合、沒做好等問題時，如果可以解釋爲能力原因，就不要解釋爲態度原因。寧可默認爲對方無能，也不要解釋爲惡意。

比如，你給下屬安排的工作任務，他沒有完成，或者完成得不好。你如果解釋爲能力原因——下屬可能暫時不具備相關的知識和技能，這時你會心平氣和地和他溝通，瞭解事實，提供幫助。

如果解釋爲態度原因，認爲下屬故意不配合，工作積極性和責任心有問題，那麼你就會帶著負面情緒和他溝通，甚至會氣急敗壞地批評一頓。很明顯，這不利於解決問題，可能還會造成誤會。

當然了，事不過三，如果對方三番五次做不好，那麼就要考慮他的態度和意願有問題，我們就可以採取相應的手段。但初期要默認對方是「好人」，對方只是掌握的訊息不全，能力不足。這有助於我們在人際衝突中保持理性，不至於動不動就宣洩情緒，不僅解決不了問題，事後還追悔莫及。

在日常生活中，人們之所以容易對親人不耐煩，發脾氣，反而對其他人很友好，一個關鍵原因就是默認親人是「壞人」，其他人是「好人」。

比如，自己的孩子考試不及格，你就火冒三丈，批評孩子不好好學習，態度不端正。但是朋友的孩子考試不及格，如果你恰好在場，可能會安慰和鼓勵孩子，或者耐心地詢問原因。爲什麼同樣是考試不及格，自己的孩子就是態度問題，而朋友的孩子就是能力問題？

我們以爲對身邊的親人足夠瞭解，所以溝通時缺乏耐心，武斷認爲對方的態度和意願有問題。這樣的溝通帶來了「三宗罪」：自己容易有負面情緒，不利於瞭解全部的事實，可能會誤解對方。

綜上，瞭解和運用歸因理論，可以幫助我們更好地理解自己和他人的行爲，從而更理智地處理人際關係和情緒問題。

登門檻效應、留面子效應：怎樣提需求，更易被答應

我們經常向他人求助或提出需求，怎樣讓別人更容易答應你？怎樣提高別人幫助你、滿足你需求的概率？有兩個心理學知識可以給到我們啓發。

什麼是登門檻效應（「得寸進尺」策略）

如果向對方直接提出你的請求，難以被滿足的話，可以先向對方提出一個小小的請求，被滿足後，再向對方提出你眞正的請求，被滿足的概率會大大提高。就像登門檻一樣，一級一級往上爬，所以被稱爲登門檻效應（foot-in-the-door technique）。

心理學家佛里曼（Freedman）與佛雷瑟（Fraser）做過一個實驗：派人隨機訪問一組家庭主婦，要求她們將一個小招牌（用於公益宣傳）掛在家裡的窗戶上，這些家庭主婦愉快地同意了。過了一段時間，再次訪問這組家庭主婦，要求將一個不僅大而且不太美觀的招牌放在庭院裡，結果有超過半數的家庭主婦同意了。

與此同時，又隨機訪問另一組家庭主婦，直接提出將不僅大而且不太美觀的招牌放

在庭院裡，結果只有不足二十%的家庭主婦同意。這個實驗證明了登門檻效應的存在，之後有學者繼續開展類似的實驗，進行了驗證。

背後的原因是人們希望保持認知協調，給他人的印象前後一致。潛在心理過程是：我已經幫你一次了，說明我是一個樂於助人、願意參與公益的人，現在你又提出一個請求，雖然比較困難，但是我不希望自己看起來是一個反覆無常、出爾反爾的人，所以我就再幫你一次吧。

先提出小請求，後提出大請求

登門檻效應啓示我們，向別人提出一個可能會被拒絕的請求時，可以先提出小的請求作爲鋪墊。

美國的班傑明・富蘭克林，年輕時在費城闖蕩，想結交一位大咖，但是對方很高傲，沒給富蘭克林好臉色。於是富蘭克林採用「迂迴戰術」，向大咖請求借一本書閱讀，大咖答應了，一來二去兩個人就逐漸熟悉了，後來大咖幫了富蘭克林很多忙，他們也成爲終生的好朋友。富蘭克林在這件事中就利用了登門檻效應。

銷售員向客戶推銷產品時，也經常利用登門檻效應。比如，先邀請客戶低價體驗，降低客戶的決策成本，等客戶有過良好體驗後，再逐步推出高價產品。再比如，某品牌淨水器給用戶免費安裝和試用，一段時間後，用戶再決定是否正式購買。

一個男生在追求女生時，如果開始就擺出誇張的架勢，比如贈送貴重的禮物，或者在大庭廣眾之下表白，反而很難成功。但是如果先提出「一起看電影」「約個飯吧」等邀請，女生答應的概率會大大提高。隨著雙方的接觸和瞭解，男生可以逐步提高「難度」，根據登門檻效應，女生拒絕的可能性會降低，女生甚至會想：我和他一起做了這麼多事，是不是喜歡他呢？

老師和家長在教育孩子時，如果開始就提出和孩子能力明顯不匹配的要求，那麼孩子就會抗拒，產生逆反心理。但是如果循序漸進地向孩子提出要求，慢慢改變孩子的認知和能力，就會取得良好的效果。比如，家長希望一個從來不運動、體重超標的孩子多運動，可以先邀請他一起觀看運動類的節目，接著換上運動衣去戶外走走，然後根據孩子的意願，參加一些體育類體驗項目，孩子有興趣後，逐漸提高難度、增加強度。經過一段時間後，孩子就會養成運動的習慣。

總之，登門檻效應告訴我們：幫助你一次的人，更容易再次幫助你；滿足過你需求的人，更有可能再次滿足你。

同時，也要警惕別有用心的人利用登門檻效應「套路」我們，導致自己輕則被騙錢財，重則陷入人身危險的境地。

經典電影《沉默的羔羊》中，罪犯僞裝成殘疾人請求女性幫忙，就是從提出小請求開始，讓女性逐步落入圈套，失去自由和生命。所以，面對不合理的請求，要果斷拒絕，不要顧慮自己是否前後一致。

什麼是留面子效應（「退而求其次」策略）

留面子效應（Door In The Face Effect）和登門檻效應的做法正好相反。在向他人提出需求時，先提一個讓對方難以接受的需求，對方會拒絕，然後再「退而求其次」提出你眞正的需求，這時對方爲了消除先前拒絕你帶來的愧疚心理，很可能會答應你。

心理學研究者席爾迪尼做過一項實驗，他們請求一批大學生花兩年時間，擔任一個少年管教所的義務輔導員，這是一件費神費力的工作，幾乎所有大學生都拒絕了。他們接著又提出了一個小請求，讓大學生帶領少年們去動物園玩一次，結果五十%的人接受了此請求。而當研究者向另一批大學生直接提出這一小請求時，只有十六・七%的人同意。

實際上，帶少年們去動物園，也是一件費神費力的事，但是爲什麼第一批大學生中有高達五十%的人答應了呢?因爲他們先前已經拒絕過一次，這既有損自己樂於助人的形象，同時又「傷害」了求助者，於是自然願意做一些補償，答應求助者相對較小的其他請求。這就是留面子效應——給求助者保留一定面子。

先提出大請求，後提出小請求

生活中親朋好友之間借錢，經常會出現這樣一幕：A 提出向 B 借五萬塊錢，但是 B 說自己最近手頭緊，沒那麼多錢，要不借你一萬，最終 A 拿到了一萬元借款。這種現象之所以經常上演，就是留面子效應在起作用。

有些溝通高手爲了確保自己的需求被滿足，會故意先提出一些非常麻煩的要求，等被拒絕後，再退而求其次，提出自己眞正的需求。

比如，某單位楊經理在週五下午四點多對員工說：「臨時有個工作，需要大家週末來公司加個班，我們來分分工吧。」員工們一臉不滿，沒人表態。這時楊經理又說：「我知道大家週末都有安排了，不想加班，但是沒辦法，公司的工作剛派下來，這樣吧，我們各自領一下任務，週末在家裡花兩三個小時做做。」這時員工依然不高興，但是願意配合了，於是工作被布置了下去。其實楊經理的真正需求，就是讓大家週末在家裡加班，但是如果直接提出來，員工的抗拒心理會很強，所以利用了留面子效應，「退而求其次」地實現了自己的目的。

我們向客戶、同事、朋友提出請求時，如果預感會被拒絕，就可以使用留面子效應，先提出更難的請求。

同時，也要提防別有用心之人利用留面子效應「對付」你，讓你付出不必要的金錢或精力。很多老好人就是不好意思拒絕別人，或者在拒絕別人後，總想補償，做了很多費力不討好的事。

應該選擇哪種策略

你可能會有疑問：登門檻效應和留面子效應的做法完全相反，我們應該如何選擇呢？何時用哪種方法？答案是看情況，也就是沒有標準答案。

登門檻效應中，兩個請求之間的間隔通常比較長，需要前一個小請求在對方心裡像一顆種子一樣生根發芽，進而會引起心理和感受的變化，之後你再提出大的請求時，就更容易被答應。

而留面子效應中，兩個請求之間的間隔通常較短，前一個大請求被拒絕後，要緊接著提出小請求，讓對方在還有愧疚感的情況下，及時補償你。

登門檻效應更適用於陌生人之間，而留面子效應更適用於熟人之間。

最後提醒一點，如果一個人不夠真誠，自私自利，或者提出的需求超出了別人的承受範圍，那麼利用再多的心理學原理，也無濟於事。老祖宗早就告誡過我們：己所不欲，勿施於人。

心理帳戶：勸別人花錢或不亂花錢

爲什麼你自己買東西時，會挑性價比高的，而送別人禮物時，卻要挑相對更貴重的？爲什麼買彩票中大獎的人，其中大多數很快就會把錢花完，回到最初的狀態？爲什麼你在花工資收入時，會精打細算，但是在花炒股賺的錢時，卻大手大腳？

諾貝爾經濟學獎獲得者理查・塞勒（Richard H. Thaler）提出的心理帳戶概念，可以解釋以上現象。它是指，人們在心裡，會不自覺地把錢劃分到不同的帳戶，就像有一個個無形的錢包一樣，每一筆錢屬於哪個帳戶，心裡的小本本都有記錄。不同帳戶裡的每一塊錢雖然面值相等，但是在人心裡的地位卻是「不平等的」。

要平等對待自己的每一分錢

人們辛辛苦苦賺的錢，往往不會輕易花掉，但是輕而易舉得來的錢，就會花得很痛快。因爲兩者的心理帳戶是不同的，前者屬於工資帳戶，後者屬於意外之財。

據統計，NBA退役的球星中，有超過一半的人最終會陷入經濟困難，儘管他們退役前已經是千萬富翁，甚至是億萬富翁。其中一個很大的原因，就是這些財富在他們的心理帳戶中被定義爲意外之財。

球星大衛・哈里森（David Joshua Harrison）職業生涯並不算特別耀眼，但他在NBA賺了四百四十多萬美元，在CBA也賺了一大筆錢，這些錢最終被他揮霍一空。有一天，他想給四歲的兒子買一份麥當勞的兒童套餐，卻掏不出這個錢。這件事情讓人感嘆，很容易得來的錢，也會很容易失去。

國內外大多數彩票中大獎的人，一段時間後，就會花光這些錢，甚至會負債累累，又回到了最初的經濟狀態。他們的認知和心理帳戶如果不改變，這些財富就留不住。

有研究表明，人們花出去的錢因爲某種原因（比如缺貨）被退款後，大概率還是會把這筆錢花出去，買別的商品，因爲在心理帳戶中，這筆錢不再是「自己口袋裡的錢」，而是「已經花出去的錢」。

認識到心理帳戶的概念，就會瞭解人類對待金錢的非理性認知，當你獲得獎金等意外之財時，要平等對待這些錢，它和你辛苦賺來的錢是等價值的，要一視同仁。

勸別人花錢

當你勸別人花錢時，要想辦法改變對方對這筆錢的定位，從不願意花的心理帳戶，轉移到願意花的心理帳戶。比如，腦白金的經典廣告是：今年過節不收禮，收禮只收腦白金。成功地把腦白金這款保健品定位成了禮品，於是在人們的心理帳戶中，買腦白金花的錢，不屬於「日常消費帳戶」，而是屬於增進人際關係的「情感帳戶」，花起來就會更大方。

給對方要購買的東西賦予情感意義，是常用的銷售話術。比如，小說《麥琪的禮物》中，貧窮的夫妻賣掉了各自的寶貝，給對方購買了一件貴重的禮物，要是買給自己，肯定捨不得，但是送給對方卻是心甘情願的，因為這代表了自己最真摯的愛。

保險代理人在銷售保險產品時，也會採用類似的話術。把建立財務保障，變成對家庭的責任和守護，從而讓客戶把錢從消費的心理帳戶，轉移到了愛和責任的心理帳戶。

還有銷售會告訴你，買課學習是投資自己的成長，不是消費。消費帳戶裡的錢花出去就沒了，但是投資帳戶裡的錢花出去，還會再回來，甚至會升值。這樣的話術會讓人們在知識付費時，更加主動和情願。

勸別人不要亂花錢

當你勸別人不要亂花錢、愼重花錢時，就要引導對方把錢從願意花的心理帳戶，轉移到不願意花的心理帳戶。比如，父母如果隨意給孩子零花錢，孩子花起來就會大手大腳。但是如果父母讓孩子做家事，根據勞動量大小給相應的「報酬」，把理所當然的零花錢，變成不勞不得、多勞多得的「工資」，那麼孩子在拿到錢後，花起來就會愼重很多。因爲這些錢在孩子的心理帳戶中，位置是不同的。

芬尼克茲創始人宗毅分享過一個經歷，他女兒如願考上了美國的一所大學，按照約定，宗毅要給她買一輛車作爲獎勵。起初，女兒的想法是買一輛五萬美元的奔馳車，這樣開出去有面子。

宗毅爲了糾正女兒的非理性消費觀，給她列舉了買不同新車、二手車的費用，以及養車費用、五年後的殘餘價值，還進一步說明，如果用這些錢投資股市，可能獲得的收益回報。最終女兒放棄了買車，而是把五萬美元存下來，作爲投資的本金。

很明顯，宗毅的女兒在心裡，把五萬美元從消費帳戶轉到了投資帳戶。消費時很爽，但是消費完，錢就沒了，而投資帳戶裡的錢，可以賺到更多的錢。

綜上，我們要認識到心理帳戶的存在，提醒自己平等對待每一分錢，避免盲目消費。

同時在勸別人花錢或不花錢時，可以利用轉移心理帳戶的策略，達到勸說目的。

第五章◆這樣說，激勵人心

強化理論：怎樣獎勵和懲罰

對好行爲進行獎勵，對壞行爲進行懲罰，這是常見的獎懲方式。比如，在工作中，當員工的工作業績出色時，會被主管表揚、獎勵；反之，工作業績差，就會被主管批評。在家庭中，當孩子表現良好時，會得到家長的表揚；反之，當孩子犯錯、行爲不當時，會被家長批評，甚至責罵。

還有沒有其他獎懲方式呢？有！著名心理學家史金納（Burrhus Frederic Skinner）對人和動物的學習進行了長期研究，他提出的強化理論對我們在獎勵和懲罰方面有極大的啓發。

四種獎懲方式

根據強化理論，有四種獎懲方式（見下表），分別是正獎勵、負獎勵、正懲罰、負懲罰。

獎勵方式	條件	行為變化	例子
正獎勵	給予愉快刺激	增加	員工業績好，得到獎金 學生考試第一名，得到誇獎
負獎勵	撤銷厭惡刺激	增加	犯人在服刑期間表現良好，被減刑
正懲罰	給予厭惡刺激	減少	員工上班遲到，被罰款 學生上課搗亂，被罰站
負懲罰	撤銷愉快刺激	減少	團隊業績下滑，取消了年度旅遊

理解了四種不同類型的獎懲方式，我們獎勵和懲罰的手段就會更加豐富靈活，而不只是單純的「做對就獎，做錯就罰」。

1. 塑造員工的行為

當管理者希望員工增加某種好行爲時，除了常見的正獎勵外，還可以實施負獎勵，比如減少批評、取消加班、撤銷通報批評、摘除「業績落後組」稱號等。

當管理者希望員工減少某種不良行爲時，除了常見的正懲罰外，還可以實施負懲罰，比如減少或取消獎金，暫停某種福利等。

就像電影中常見的橋段，某個犯人在監獄裡違反了規定，於是被取消親友探訪，或者減少自由活動時間。由於人有「厭惡損失」的心理，比如得到一百元獎勵未必很開心，但是失去已有的一百元，就會很難受，所以有時負懲罰比正懲罰更有效。

某公司在組織員工培訓時，實施了「紅藍貼紙」制度。當員工出現好行爲時（比如按時上課、積極互動），獎勵紅貼紙（正獎勵）；出現壞行爲時（比如早退），給予藍貼紙警示（正懲罰）。當藍貼紙積累到一定數量時，員工就需要在培訓課堂上當眾被懲罰，比如做伏地挺身。但是當員工表現出特定好行爲時（比如作業優秀），可以減少一張藍貼紙（負獎勵）。這就是綜合運用不同獎懲方式的例子。

2. 塑造孩子的行為

當家長希望孩子增加某種好行爲時，除了正獎勵，還可以負獎勵，也就是撤銷厭惡刺激。比如孩子考了好成績，可以免去一定的家務勞動。

當家長希望孩子減少某種不良行爲時，除了正懲罰，還可以負懲罰，也就是撤銷愉快刺激。比如，孩子暑假不寫完作業，就不能出去旅遊；不吃完正餐，就不能吃水果和甜點。

有時候我們對孩子的不良行爲不予理睬，對孩子來說就是一種負懲罰，因爲他所預期的愉快刺激（家長的關注）沒有了。比如，孩子有所謂的起床氣，每次都要和父母鬧上半天。後來父母改變了策略，當孩子起床後莫名其妙發脾氣時，父母不再理會，孩子一開始更加生氣了，內心的潛台詞是「我這麼生氣，你們居然不來安撫」。後來孩子發現沒有父母的參與，自己一個人唱獨角戲，沒什麼意思，於是起床氣就漸漸消失了。

再比如，孩子不好好吃飯，家長多次溝通後無效，就不要再管了。平時不要給他吃零食，讓孩子自己承擔不吃飯帶來的後果（肚子餓），相當於給他撤銷了愉快刺激（吃飽後身體舒服），這樣孩子自然就會正常吃飯。

兩點注意事項

1. 及時獎懲，給予反饋

打遊戲、賭博之所以讓人上癮，原因之一就是反饋非常及時。你取得了某種結果，就會立即得到獎勵，比如通關、積分、金錢；反之，如果沒做到，就會立即被懲罰。

我們在實施獎勵和懲罰時，也要注意及時性。比如，團隊拿下一個大項目，領導者就可以立即組織一次慶功會；過程中專案進行到一定節點，領導者也要及時總結和獎勵；專案完成後，要及時組織表彰和檢討。如果獎懲滯後，效果會打折扣。

教育孩子時更是如此，孩子犯了錯，家長或老師要及時「懲罰」，讓孩子認識到自己的錯誤，並且知道如何改正。比如，孩子在學校損壞了公物，家長可以讓孩子用自己的零花錢給予賠償。當然，孩子表現出好行爲時，家長要及時獎勵，哪怕是一句表揚，也是一種有效的愉快刺激。

2.獎勵為主，懲罰為輔

在日常環境中，面對員工、孩子等普通人，而不是士兵、囚犯等特殊群體時，要以獎勵手段爲主，以懲罰手段爲輔。因爲這更符合人性的規律，畢竟獎勵更能激發人們美好的追求，而懲罰會招致抗拒和逃避。

著名教育家陶行知先生有一個用四顆糖教育學生的故事，廣爲流傳。故事的梗概是，學校裡有一個男生打了另外一個男同學，校長陶行知及時制止，讓這個男生放學後到校長辦公室。

男生忐忑地按時出現，陶行知卻當面給了男生一顆糖，獎勵他按時來到。接著又給了第二顆糖，獎勵他在打架時遵從校長的制止，及時停手。然後又給了第三顆糖，獎勵他爲了懲罰欺負女生的男同學才動的手，說明他正直善良。此時，男生感動流淚，既羞愧又後悔，他本以爲校長會責罰自己，然而並沒有。男生說：「校長，我錯了，我不應該打同學……」陶行知笑著給了男生第四顆糖，獎勵他知錯就改，態度端正。

試想，如果陶行知先生嚴厲地批評、責罰這個男生，他當然會認識到自己的錯誤，並且可能就此改正。但是這樣的教育是強權壓制，而不是悉心感化，男生或許口服但心不服，甚至對被打的男同學、對校長都會懷有敵意。

當然，適當的懲罰也是需要的。研究表明，獎勵爲主、懲罰爲輔這種獎懲結合的方式，比純粹獎勵和純粹懲罰的效果都要好。

總之，強化理論可以讓我們認識到獎懲方式的多樣性，讓獎勵和懲罰更好地發揮作用。

德西效應：獎勵有時是一種傷害

家長獎勵孩子，老闆獎勵員工，本來是一件初心很好的事，希望調動獎勵對象更大的積極性，但有時候卻會起到適得其反的作用。這是爲什麼呢？德西效應能幫助我們理解背後的原因。

什麼是德西效應

心理學家德西（Edward Deci）做過一個著名的實驗，他讓大學生做受試者，在實驗室裡解智力難題。實驗分三個階段，第一階段，所有的受試者都沒有獎勵；第二階段，將受試者隨機分爲兩組，實驗組完成一個難題，可得到一美元獎勵，而控制組跟第一階段相同，沒有獎勵；第三階段爲休息時間，受試者自由活動，同時研究者在暗中觀察他們是否願意繼續解題。

實驗組受試者（有獎勵）在第二階段確實十分努力，但在第三階段繼續解題的人很少，表明興趣與努力的程度在減弱。而控制組受試者（無獎勵）有更多人在第三階段繼續解題，表明興趣與努力的程度在保持或增強。

這個實驗表明，不恰當的獎勵反而會降低人的內在動機，讓人們減少或失去對事情本身的興趣。這就是德西效應。

我有一門課是教職場人公開演講，課程口碑良好。爲了招到更多學員，我邀請老學員幫忙推薦新人參加，而且給予一定現金獎勵，但是這個措施反而讓老學員在轉發課程信息時有心理負擔。

如果沒有獎勵，他們的動機純粹是認可老師和課程，把好課程推薦給身邊有需要的朋友。但是如果有獎勵，他們會糾結自己的動機是不是變成了賺錢，朋友知道後會怎麼想，最終反而不轉發、不推薦。而且獎勵金額越大，他們的顧慮也會越大。這就是德西效應發揮作用的典型例子。

怎樣規避德西效應帶來的弊端

我們在現實中，要規避德西效應帶來的弊端，可以從以下幾方面做起：

1. 激發自驅力，而不是靠外在獎勵推動對方

很多事本來就是當事人應該做的，不需要特別的額外獎勵，比如學生好好學習，員工完成本職工作。但是一些家長會對孩子說：「這次考試如果得了第一名，我給你買一個你最喜歡的變形金剛玩具」、「這次鋼琴考級通過後，我帶你去迪士尼樂園」。殊不知，這些獎勵反而會降低甚至扼殺孩子對學習或鋼琴本身的興趣。

家長當然可以給孩子買玩具，帶孩子出去旅遊，但是不能以此爲交換條件來獎勵孩子。否則孩子的動機和認知，就會逐漸從「我喜歡學習，學習讓我成長」，轉變成「我努力學習，是爲了獲得父母的獎勵」、「學習是枯燥的、痛苦的，只有玩耍才是快樂的」。

家長可以透過言行來引導孩子關注事情本身的興趣。比如，讓孩子把學到的數學知識用到現實生活中，計算一下家庭每個月的開支；用學到的語文寫作技巧，寫一封信給遠方的外公外婆、爺爺奶奶。這樣孩子就會明白學習本身是有用的，而不是爲了應付父母和老師，也不是爲了獲得某種獎勵。

2. 當事人起初缺乏興趣時，可以適當給予獎勵，產生興趣後，應停止獎勵

最初給予獎勵，是爲了引導對方「上鉤」，讓他接觸和瞭解一件新事物。隨著深入參與，對方可能會產生興趣，激發挑戰欲，獲得成長。這時就不要再給外部獎勵了，而應讓他專注在事物本身的興趣上。

比如，你希望孩子學習足球，強身健體，同時培養團隊協作的意識，但是孩子不想參加足球興趣班。你可以對孩子說：「你去體驗一次，媽媽晚上帶你吃大餐。」孩子在你的「威逼利誘」下去了，他一定會產生某些感受，這時你可以引導孩子關注積極的一面，比如踢球時跑動的快樂，進球的那一刻是多麼激情豪邁。隨著孩子越來越喜歡踢足球，你就要減少或停止獎勵。

我們在培養一個愛好時（例如跑步），開始可以給自己一些獎勵，比如跑步後吃一點美食，跑步達到一定量以後，給自己買一個禮物。但是隨著跑的越來越多，就要把注意力逐步轉移到跑步本身的好處和樂趣上，比如身體更健康了，跑步時欣賞路邊的風景，感受微風吹過身體時的涼爽，甚至可以在跑步時進入心流狀態。

發現事物內在的樂趣，會讓我們產生自驅力，毫不費力、非常享受地做著其他人看來很痛苦的事，比如演講、寫作、重訓、跑馬拉松。

3.和物質獎勵相比，要更重視精神獎勵

物質獎勵是必要的，但是物質獎勵不可能無限增加，因為人的物質慾望會無限膨

脹，只要稍不滿意，就會降低動力。精神獎勵能夠激發人的內心追求卓越、積極向善的一面，讓人願意在一件事上持續努力，這種激勵效果也是更持久的。

有這樣一個例子：三組高中生去做慈善募捐，第一組什麼報酬也沒有，第二組可以拿到募集金額的一%作爲報酬，第三組可以拿到募集金額的十%作爲報酬。這些學生的募捐技能大致相同，他們募集到的錢款數量代表著他們的努力程度。猜猜看，三組學生當中，哪組募集到的錢最多呢？答案是第一組。

第一組學生募集到的錢，比第二組高出五十五%，比第三組高出九%。很顯然，金錢激勵反而損害了學生們的積極性。更嚴重的是，如果再舉行第二次募捐活動，這次三組學生都沒有任何報酬，後面兩組學生的積極性仍然無法趕上第一組的水平。也就是說，金錢激勵對道德規範的排擠效應幾乎是不可逆的。

很多老闆想不明白，給員工的工資和獎金已經夠高了，但員工還是不滿意，甚至跳槽離職。德西效應能解釋其中一部分原因：物質獎勵只能激發員工對工作的部分動力，員工更多的自驅力來自對工作本身的熱愛、對公司事業的認同，如果後者沒有實現，再高的獎金也激發不了員工最大的積極性和忠誠感。

反觀一些初創公司，員工的收入一般，但是幹勁十足，因爲他們有自驅力和使命感。

就像阿里巴巴創辦初期，馬雲帶著「十八羅漢」在家裡辦公，困難時工資都發不出，但是員工依然相信未來。

家長和老師在獎勵孩子時，要更重視口頭表揚、榮譽證書等精神獎勵，不能動不動就給孩子金錢獎勵、昂貴的禮物，這會讓孩子的物質慾望越來越大，逐漸失去最寶貴的自驅力。

總之，根據德西效應，我們在獎勵別人時，要思考一下：這是否有利於激發對方的內在動機，是否有利於讓對方對事物本身更有興趣。如果不能，我們要換別的獎勵方式，或者乾脆不要獎勵。

需要層次理論：有效激勵員工

有人說：員工離職，原因要嘛是錢沒給夠，要嘛是受委屈了。根據這個說法，要給員工足夠的薪資待遇和心理滿足，才能讓他們好好工作。這是比較粗略的概括。

那麼在具體操作上，領導者應該如何激勵員工？我們可以從心理學的需要理論中獲得一些啟發。人有某種需要時，才會產生動機和動力，比如肚子餓了就會找食物吃。而在已經滿足的需要上激勵員工，往往是無效的，只有在未被滿足的需要上進行激勵，才有效果。

需要理論是什麼

一九四三年，心理學家亞伯拉罕・馬斯洛（Abraham Harold Maslow）提出了著名的需求層次理論，人的需要從低到高包括五個層級（見左圖），分別是：生理需求、安全需求、歸屬和愛的需求、尊重需求、自我實現。

後來，心理學家克雷頓・埃爾德弗（Clayton Alderfer）在馬斯洛需求層次理論的基礎上，提出了人的三種核心需要，分別是生存（existence）、關係（relatedness）、成長（growth），被稱爲ERG理論。其中，生存需要大致對應馬斯洛需求層次理論中的生理需求和安全需求，關係需要大致對應歸屬和愛的需求、尊重需求，成長需要大致對應自我實現。

ERG理論對需要的分類更加簡明，而馬斯洛需求層次理論更加細緻，本文主要以後者爲基礎展開解讀。

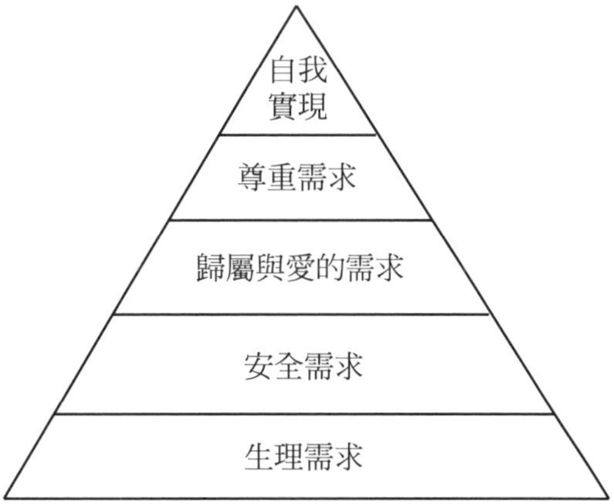

從宏觀視角看，人類文明的發展遵循了馬斯洛需求層次的順序。原始社會的人主要追求生理需求，吃飽肚子，繁衍後代。到了奴隸社會，人類產生了不同的階級，部落之間的大規模戰爭爆發，因此人除了生理需求，還有安全需求，希望自己的生命和財產有保障。

封建社會，文明進一步發展，在和平年代裡，人們的生理和安全需求被滿足，就會進一步追求更高層次的需求，比如在家族中獲得歸屬和愛，在社會上互相尊重，禮尙往來；也有一部分士大夫讀書識字，考取功名，希望齊家治國平天下，追求自我實現。如今我們身處更加文明發達的現代社會，大部分人都能實現多種低層次需求，從而有機會追求更高層次的人生價值，完成自我實現。

從微觀的個體角度看，一個人的人生發展也基本滿足馬斯洛需求層次的順序。在長期的工作和生活中，首先滿足溫飽等生理需求，然後追求人身和財產安全、社會保障等安全需求，在家庭中獲得愛和歸屬感，在工作中獲得報酬和尊重，當這些低層次的需求被滿足後，就會思考人生的價值和意義，追求更高的自我實現。

如何有效激勵員工

組織中的領導者在激勵員工時，需要考慮員工的哪些需要已經被滿足，哪些需要還沒有被滿足，從而確定激勵的方向和角度。下面我們剖析三種不同的激勵類型：

1.滿足生存需要（生理需求和安全需求）

每個員工都需要生存，尤其是那些剛進入職場的寒門青年，以及經濟負擔比較重的中年人。領導者可以跟這些員工談情懷、講願景，但更重要的是提供足夠的薪資待遇，讓員工有基本的安全感。那些空談美好未來、不提當下薪資的老闆，就是在「畫大餅」。員工「吃不飽」，當然就沒有工作的動力。

還有一類員工，他們工作僅僅是爲了滿足生存需要，獲得一份收入，不期望在組織中獲得歸屬和成長。就像深圳三和人力市場的打工者「三和大神」，他們抱著玩世不恭、得過且過的態度，只做日結工作，幹一天，玩三天，吃著廉價的麵條，在網吧過夜。

「三和大神」是一種極端，但是社會上確實有一些人對工作沒有過高的期待和追求，只求獲得一份工資。他們或許在其他領域有歸屬、尊重、成長需求，但是在工作場合裡不求這些。對於這樣的員工，領導者激勵的手段就只有從進一步滿足生存需要入手，比如提供安全的工作環境、提高工資待遇、配備保險等。

2.滿足關係需要（歸屬和愛的需求，尊重需求）

在生存需要被滿足後，多數員工都會追求關係需要，也就是在組織中獲得歸屬感，得到尊重。本文開頭說的員工離職原因之一——受委屈了，就是關係需要沒有被滿足。

有些員工不求上進，沒有自我實現的需要。即使領導者希望他提升能力，獲得成長，甚至給他各種鍛鍊的機會，依然無效，他們只想用自己已有的技能做好眼下的工作。領導者對這類員工的有效激勵手段，那就是滿足其關係需要。

比如，常見的方法是：建立公平競爭的晉陞體系，任人唯賢；組織團康，增強團隊的凝聚力；部門聚餐，讓大家在互動中溝通感情；開展年會、表彰大會、黨工團活動、趣味運動會等。

羅萊家紡有一批倉庫揀貨小哥，負責在倉庫裡走路、挑貨，工作非常枯燥。因此倉庫揀貨隊伍很不穩定，離職率特別高，一度接近三十%。公司爲了解決這個問題，推出了「幸福感連接」措施，讓這些身處後台的揀貨小哥，直接觸達前端的消費者。

當消費者在電商平台下單後，程序就會詢問消費者：需不需要連線揀貨小哥，看他現場幫你揀貨？如果消費者點同意，倉庫的揀貨小哥就立即頭戴攝像頭，手持盤點槍，走進倉庫現場，一邊揀貨，一邊透過直播與消費者交流，同時還會向客戶推薦關聯商品。

這種方式給揀貨小哥的工作帶來了一些樂趣，他們不再一直面對著冷冰冰的貨品，而是和客戶建立了直接聯繫。以前小哥們休息時往往抱怨揀貨有多累，而如今他們聊的是「今天你跟幾個人聊天了」這樣的話題。這個措施提升了揀貨小哥的工作價值感，滿足了他們的關係需要、尊重需要，因此離職率大幅下降。

3.滿足成長需要（自我實現）

據馬斯洛估計，自我實現者大約只占人口的一%，他們能超越任何特定文化的限制，使得自己的人格得以充分發展，這是從結果來看。從過程來看，希望自我實現的人（雖然可能並沒達成）肯定要高於一%。

我們在學生時代都有體會，哪怕所在的學校、班級學習氛圍再差，總有那麼幾個同學「出淤泥而不染」，他們願意努力學習，最終取得了良好的結果。

在職場中，總有一些員工是渴望成長的，他們希望突破自己，不斷進步，實現自我價值。領導者激勵這類員工，就要滿足其成長需要，比如提供有挑戰的任務，規劃其職業生涯，讓員工和企業共同成長。

海爾集團的創始人張瑞敏曾說：「很多大企業的問題就是沒有解放人性，把人看成一個個執行者，一個個螺絲釘。你怎麼知道他一定當螺絲釘呢？他怎麼不可以自己去成爲一台機器呢？」爲了鼓勵創新，海爾公司甚至用員工的名字，來命名他們創造的成果，比如「曉玲扳手」、「方燕鏡子」、「秀鳳卡座」。試想，當這些名稱出現在公司手冊、生產車間時，這些員工是何等自豪！同時，其他員工也會被深深地激勵到。

如今身處ＶＵＣＡ（volatile〔不穩定〕、uncertain〔不確定〕、complex〔複雜〕、

ambiguous〔模糊〕）時代，每個人都需要終身學習、不斷成長，這已經是全民共識。我們要摒棄過去「鐵飯碗」的觀念，只花兩三年學習和掌握一個技能，而後幾十年就不斷重複，直到退休。自我實現，發揮人生價值，這是時代賦予我們的機會，也是要求。

總之，不同人可能有不同的需求，領導者在激勵員工時，要考慮他們處在馬斯洛需求層次中的哪個階段，從而採取針對性的措施，實現有效激勵的作用。

損失厭惡：損失比收益對人影響更大

如果一個人的工資提升了十％，不一定會多麼高興，但如果工資降低了十％，會非常不爽。一般散戶炒股時，賺錢時會及時落袋爲安，但是虧錢時卻很難忍痛割肉。以上現象背後的一個重要原因就是損失厭惡。

什麼是損失厭惡

損失厭惡是指面對同樣數量的收益和損失時，損失會讓人更難受。損失厭惡是心理學對行爲經濟學領域貢獻的一個重要知識。比如，你在對發票得了二百元，快樂程度可能是兩三分，但如果被開二百元的罰單，難受程度就是六七分。

心理學家、行爲經濟學家丹尼爾・康納曼曾經設計了一個拋硬幣的實驗：如果你拋出正面，將會獲得一百五十美元獎勵，如果拋出背面，將會輸掉一百美元。實驗結果是，大多數人拒絕參與這個賭局。因爲雖然潛在的收益比損失更多一點，但是損失一百美元的痛苦，要遠大於得到一百五十美元的快樂。那麼拋出正面的獎勵金額達到多少後，人們才願意參與呢？答案是二百美元。

損失厭惡可以解釋哪些現象

1. 對失去的事物非常在意，對已有的事物缺少感覺

比如，典型的賭徒心理是：贏錢後滿不在乎，繼續賭博，揮金如土；輸錢後拚命想撈回來，賣房賣車都在所不惜，誰都攔不住。可見人性對損失的厭惡程度有多深。

再比如，公司以往逢年過節都會給員工發放福利，員工覺得這是理所當然。但是某一年經營遇到困難，財務狀況不佳，沒發福利，就會引起員工的極大不滿。

一個男生追求愛慕的女生，天天發一個笑話，逗女生開心，女生都不予理睬。但有兩天男生突然不發了，女生就會感覺異樣，心中出現一點波瀾，甚至開始期待男生發笑話。

2. 對潛在的「損失」也會很在意

已有的損失會讓人們難受，這可以理解，但是未來潛在的損失也會讓人心癢癢，這就是一種隱性的損失厭惡。

精明的商家深諳其道，促銷時會利用人們的這一心理。比如：「雙十一」大優惠，所有商品五折價，買的越多，省的越多，錯過等一年！消費者的心理過程是：我現在如果不買，以後再買，就要按更高的價格，那就虧大了，這種「損失」我不能有，現在趕緊下單！或者是：原價是一千元，現在是五百元，優惠五百元的好事我不能錯過，錯過就是我的「損失」，我討厭損失！

怎樣利用損失厭惡的心理

我們理解這種心理後，就可以順勢而爲，做一些能創造價值、利人利己的事。我列舉幾個例子供參考，更多的實踐需要讀者自己去探索。

1. 把獎勵改成退還「損失」

同樣發一筆錢，可以是獎勵，也可以是退還「損失」——這筆錢本來就是你的，我只是退還給你。獎勵帶來的動力，不如退還「損失」帶來的動力大。

新加坡有一家出租車公司，員工（開車的司機）長時間久坐，患慢性病的風險很高。公司爲了降低用工風險，就鼓勵員工多運動，並且每月給運動量達標的司機獎勵一百美元，這種激勵的效果一般。

後來在專家的建議下，公司把給一百美元的說法改成了「退還租金」，激勵效果大為改觀。因為司機每天需要向出租車公司交一百美元租金，這相當於司機的損失，他們很厭惡這筆支出。現在只要多運動，就能把一天的損失要回來，於是司機們更有運動的動力了。

我作為培訓師，定期開辦演講訓練營，其中包括二十一天線上作業練習，全勤完成的學員可以獲得一百元。初期的說法是「獎勵一百元」，後來改成了「退還一百元學費」，後者的激勵效果比前者更高。這也是利用了損失厭惡的心理。

2.把獎勵從事後移到事先

如果完成一定任務，就給一筆獎勵，這是常見的做法。根據損失厭惡，我們可以採取效果更好的做法：開始就給獎勵，如果之後完成了任務，獎勵才正式屬於你，如果任務沒完成，獎勵就需要退回來。

有一家工廠做過實驗，給每週超額完成產量目標的工人發五百元獎金。他們把工人分成兩組，第一組是事後發，每週結束後，根據目標完成情況發放獎金；第二組是事先發，每週一工人就拿到五百元，但如果當週的產量目標沒達成，獎金就會從工資裡扣除。

結果是，第二組的產量明顯高於第一組。這是因為從口袋裡拿出五百元的痛苦程度，要遠大於拿到五百元的快樂程度。相比較獲得額外的獎勵，損失已有的東西對人的影響更大。

再比如，家長希望孩子達成一個目標，可以先把獎金（或其他獎品）給他。如果最終目標達成，獎金才正式生效；如果目標沒達成，那麼獎金就要收回。這會讓孩子更有動力完成目標。

3. 及時止損

我們已經知道了厭惡損失是人的普遍心理，它在某些方面會保護我們，但在某些方面也會導致非理性的行爲，造成更大的損失。

比如，在股票市場不肯「割肉」，眼睜睜看著股價跌落。再比如，在家裡擺放多年不使用、又不捨得扔的物品，占據了寶貴的空間，搬家時還要費力收拾。

最讓人糾結的，莫過於一段親密關係，已經相處多年，知道對方不適合自己，卻又不捨得放棄。損失厭惡是天性，但是也要理性考量，才能規避更大的損失。

人首先學會避害，才會追求趨利，因爲趨利是錦上添花，而避害則關乎生存。因此在同等條件下，避害對人的影響更大，我們可以利用這一點影響他人，同時自己也要避免掉入非理性的損失厭惡陷阱中。

消極偏見：喚起恐懼比激發美好更有效

俗話說：好事不出門，壞事傳千里。負面消息對人的吸引力要遠大於正面消息，所以在媒體報道中，醜聞、事故、犯罪、戰爭等負面新聞更吸引讀者和觀眾。

當我們回憶往事的時候，更容易想起那些不愉快的經歷；當我們遙想未來時，更容易擔心潛在的隱患。這些現象都可以用消極偏見來解釋。

什麼是消極偏見

人類演化有一個特點，就是傾向於關注潛在的壞事，而不是好事。這種傾向被稱爲消極偏見。

心理學家讓實驗參與者快速瀏覽一些圖片，結果那些憤怒的臉、蛇、蜘蛛等圖片更容易被發現和記住。

這是因爲在人類漫長的演化史上，有毒的蛇、蜘蛛等動物是極其危險的，一旦有人疏忽大意，被牠們叮咬，可能就有生命危險，所以人類進化出了對危險、恐怖的高度敏感性。

原始人在野外打獵，可以不去留意美麗的風景，但是必須要警惕身邊的風吹草動，隨時注意猛獸的襲擊。

時至今日，人類在城市和農村生活，人身財產安全已經得到了保障，但人對壞事的警戒心依然沒有變。相比好消息，壞消息更能引起人們的注意，因爲好消息如果注意不到，結果最多是得不到好處，少一點快樂。而壞消息如果被忽視，後果則很嚴重，輕則損失財物，重則面臨生命危險，這也是謠言會快速傳播的原因。

消極偏見可以解釋哪些現象

1. 人們更容易記住負面事件

比如，過去父母或老師對你有過大量的關心、幫助，你可能不記得了，但是他們的一次批評、責罵，你會記憶猶新，甚至一輩子都忘不了。

再比如，我們的身體大多數時間都是正常的、健康的，你可能注意不到，而一次小小的生病、皮膚受傷，則會讓你十分難受，時刻關注某些身體部位。

同樣道理，社會的正常運轉、好人好事，容易被忽視，而違法犯罪、嚴重事故則會吸引人們的注意，讓人感覺到危險和擔憂。所以，自古以來，每個歷史階段人們都會感嘆世風日下、生活不易，哪怕他們處在太平盛世。

實際上，客觀數據表明，世界在整體上越來越好，人類變得更健康、更富有、更有知識、更安全。著名學者史蒂芬．平克（Steven Arthur Pinker）在他的書籍《當下的啓蒙》中有翔實的說明，比如人類的平均壽命在二百年前是二十九歲，一百年前是四十歲，如今是七十一．四歲；二百年前，世界上有八十％的人沒上過學，如今超過八十％的人都至少接受過基礎教育。

2.消極事件比積極事件更有力量

比如，歷史上善於煽動群眾的領導者，總是強調當時面臨的內部困難和外部挑戰，引起人們的恐慌或憤怒情緒。

消極反饋比積極反饋對人的情緒影響更大，你對別人的一句消極用語帶來的負面影響，需要用五句積極用語才能抵消。

壞消息比好消息更容易被分享、被記住，喚起恐懼比激發美好更能促使人們行動。

學者班克斯和薩洛維做過一個實驗，讓沒有做過乳腺X光檢查的四十至六十六歲婦女，觀看關於乳腺X光檢查的錄像，其中一些人接受的是美好信息，也就是強調做乳腺 X 光檢查，能及早發現疾病、挽救性命，結果這些人當中有一半在十二個月內去做了檢查。而另一些人接受的是恐懼信息，強調不做乳腺 X 光檢查，會使人付出生命的代價，結果有三分之二的人在十二個月內去做了乳腺 X 光檢查。

在表達時怎樣利用消極偏見

1. 增加積極用語，不如減少消極用語

我們在和家人、朋友相處時，都希望增進彼此的關係，但有時候會忍不住說一些傷人的話。由此造成的消極影響是很難徹底消除的，甚至會永遠銘刻在對方的記憶中。就像用刀尖在桌子上留下一道劃痕，事後再怎麼處理，都難以恢復如初。

俗話說：良言一句三冬暖，惡語傷人六月寒。在親密關係中，即使做不到經常好言好語，至少要避免惡語相向。夫妻之間、父母子女之間吵架，一番爭執後，或許會重歸於好，但是心裡會有放不下的芥蒂，事後會時常想起對方說過的狠話，甚至夢裡都會浮現。

2. 勸說他人時，激發美好，不如喚起恐懼

勸說他人做一件事，比如學習、運動、戒菸，一方面我們可以說明做這件事帶來的好處，也就是激發美好；另一方面我們可以說明不做這件事導致的壞處，也就是喚起恐懼。很多情況下，喚起恐懼比激發美好效果更佳。

比如，廣告語「想健康，喝王老吉」，就不如「怕上火，喝王老吉」。宣傳語「選對樓層，空氣更好」，就不如「選不對樓層，你就吸霧霾」。

勸一個人多運動，給他講運動的好處，例如讓人更健康、身材更好、朋友更多，對方覺得挺好，但是可能感觸不深。但如果跟對方講不運動、久坐的危害，例如研究表明每天久坐八小時不運動的人，中風風險比每天運動至少十分鐘且不久坐的人要高出七倍，這種喚起恐懼的訊息會讓對方印象更深刻，更有可能行動。

有兩篇著名的文言文《鄒忌諷齊王納諫》、《觸龍說趙太后》，都是透過喚起恐懼達到勸說的目的。其中鄒忌勸齊威王，喚起的恐懼是「王之蔽甚矣」，也就是大王被蒙蔽得很嚴重，因此需要廣開言路。觸龍勸趙太后，喚起的恐懼是「此其近者禍及身，遠者及其子孫」，意思是趙太后溺愛兒子，只會給他帶來禍患，因此不要擔心兒子受苦受累。

總結一下，消極偏見啓示我們，人們更容易記住負面信息，因此我們在和親友交流時，要警惕自己的消極用語。喚起恐懼往往比激發美好更能促使對方行動，我們在勸說他人時，要靈活使用這一技巧。

具身認知：從身體姿勢中獲得力量

我們在談判、演講、聊天等各種場合，如果能坐直或站直，打開身體，昂首挺胸，這時就會更自信，更有力量。我們開心的時候會笑，反過來刻意笑一笑，也會開心一點。這背後都有科學依據，就是具身認知。

什麼是具身認知

過去人們認爲認知是單獨存在的，頭腦中的認知會決定我們的身體行爲。但是認知心理學中的具身認知理論告訴我們：認知和身體是密不可分的，身體也會影響心理、塑造認知。

心理學家做過這樣一個實驗：研究者招募了一群大學生，邀請他們參與一個「人類功效學」實驗（其實是個幌子），要求一部分大學生做出低頭、聳肩、彎腰等低能量姿勢，另一部分大學生做出昂首挺胸、腰背挺直等高能量姿勢，接下來他們都完成一項複雜的任務（還是幌子）。

然後研究者告訴他們，研究順利完成，可以領取報酬了，最後需要塡寫一份問卷（這才是實驗的眞正目的），評價此刻的心情如何，是否爲順利完成任務感到驕傲。結果是，做出低能量姿勢的大學生自我評價的平均分是三．二五，而做出高能量姿勢的大學生平均分是五．五八，遠遠高出前者。這說明人的情緒和心情受到身體動作的影響。

還有一個實驗，心理學家把受試者請到實驗室，給他們看一些卡通圖片，並讓他們對圖片的好笑程度進行打分。受試者被隨機分成兩組：一組用嘴脣含住一枝筆，不能讓筆碰到牙齒；另一組用牙齒咬住這枝筆，不能讓嘴脣碰到這枝筆。很顯然，不論是用嘴脣含住筆，還是用牙齒咬住筆，與卡通圖片是否好笑沒有任何關係。

但實驗結果表明，那些用牙齒咬住筆的人，會認爲這些卡通圖片更好笑；而那些用嘴脣含住筆的人，會認爲這些卡通圖片缺乏笑點。用嘴脣含住一枝筆，表情是嘟著嘴的「生氣狀」，而用牙齒咬住筆，表情是微笑的「開心狀」。這個實驗表明，當人做出微笑的動作時，就會眞的開心起來；反之，當做出不開心的動作時，就會眞的不開心，對事物的認知和判斷也會發生改變。

如何調整身體，讓自己更有力量

根據具身認知理論，我們可以透過調整身體動作和姿勢，讓自己的內心更有力量。如果你希望自信一點，就要做出自信的樣子來；如果你希望自己更有力量，就要做出有力量的動作。

比如，在談判桌上，如果你遇到阻力、缺乏底氣，爲了獲取更多能量，就要盡量打開自己的身體姿勢，後背挺直，甚至靠在椅背上，打開雙手做手勢，雙腿自然分開，均勻有力地放在地上，表情自然、放鬆。這種「假裝自信、假裝放鬆」的姿態，會讓你眞的獲得力量，自信起來。

絕大部分人登台演講時，都會緊張、怯場，我們在上台前可以深呼吸，放鬆身心。另外，要盡量伸展自己的身體，做出自信有力的動作，比如做做擴胸運動，兩手扠腰，雙腿分開，霸氣地站立。上台演講時，即使緊張，也要筆直站立，昂首挺胸，切忌含胸駝背、畏畏縮縮。人會因爲自信而做出有力量的動作，反之也成立，當人做出有力量的動作時，就會變得自信。

社恐的人在社交場合要想更淡定、更放鬆，平時就要注意自己的身姿，走路時要挺直腰板，目視前方，而不是駝著背低頭走路，還可以經常健身（比如跑步），讓自己的身體更有力量。參加社交活動時，要穿幹練整潔甚至相對正式的衣服，當你有一個良好的形象時，自然就會更有勇氣和信心。最重要的是，要做出高能量的姿勢，哪怕「裝腔作勢」，這種身體動作也會影響一個人的認知和心理，幫助自己逐漸擺脫社交恐懼的心態。

俗話說：人生如戲，貴在演技。從具身認知的角度看，這句話還眞有幾分道理，當你表演出什麼樣子時，你就眞的會是什麼樣的人。

行為激活療法：改變想法，改善心情

生活中經常遇到這樣的場景：你苦口婆心勸一個人改變想法，本質上是爲了他好，但是對方就是不爲所動；家人或朋友心情不好，你希望幫他走出陰霾，心情變好，但是無論怎麼說都無濟於事。

同時，有些情況下，你希望自己改變想法、改善心情，比如積極一點、行動起來，但就是做不到。心理治療中的行為激活療法，能提供解決問題的思路。

什麼是行為激活療法

現代心理諮詢和治療中，有一種主流的治療方法就是認知行爲療法，透過幫助當事人改變認知和行爲，來解決其心理問題。其中的認知部分被稱爲認知療法，行爲部分被稱爲行爲激活療法。

一個人身上同時存在三個要素：認知（相對理性），情緒（相對感性），行爲（外顯動作）。爲了更好地結合現實生活，我們用「想法」一詞代替認知，用「心情」一詞代替情緒。

我們通常認爲，有什麼想法，就會有什麼行爲和心情。但其實這三個要素會互相影響（如下圖所示），某種心情下會產生相應的想法和行爲，比如人在心情不佳時，想法會比較悲觀、消極，行爲不夠主動。某種行爲也會影響人的心情和想法，比如人在運動時大汗淋漓，心情會隨之舒暢，想法也會變得積極。

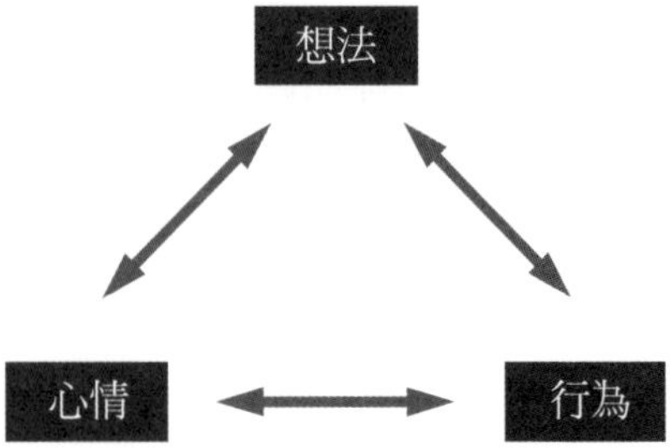

所以，行爲激活療法的思路就是：既然想法、心情、行爲是互相緊密相連的，改變其中一項，就能影響其他兩項，那麼就從最外顯的行爲著手，幫助一個人改變想法，改善心情。換句話說，不管你的想法和心情如何，只要你按照我說的去做了，你的心理問題就能解決。

華盛頓大學曾經做過一個研究：把一百五十名抑鬱症患者隨機分爲三組，第一組採取行爲激活療法，第二組採取相同的行爲激活療法，加部分認知療法，第三組採取相同的行爲激活療法，加完全的認知療法，也就是認知行爲療法。

結果，在之後兩年的持續治療中，三個組的治療效果沒有差異。是的，你沒看錯，沒有差異！後來，這項研究繼續對比了行爲激活療法、認知療法、藥物療法，結果發現三者的治療效果還是差不多。

這充分證明了行爲激活療法的巨大作用，行爲確確實實能導致想法和心情的改變。反過來，當人有一種想法，但是沒有付諸行動，那麼這種想法在本質上也無效。

比如，一些朋友希望多學習，多運動，但只是想想，很少或從不行動，那麼這種想法對他們就沒有任何作用，心情也不會隨之改變。正所謂「知道了很多道理，但還是過不好這一生」。

王陽明說：未有知而不行者，知而不行，只是未知。有想法，但是不行動，其實等於沒想法、不知道。一個眞正知道、有想法的人，是會付諸行動的，也就是知行合一。

怎樣改變想法，改善心情

1. 想不通時，改變行為

如果能改變想法，進而改變心情和行爲，當然是好的，但很多時候我們做不到。所以，與其鑽牛角尖，陷入思維的死胡同，讓自己痛苦不堪，不如行動起來，做一些事情，進而影響想法，改變思維。

二〇二四年春晚，有一個相聲節目是《導演的「心事」》，故事的情節是：一位演員收到導演發來的一條信息，只寫著兩個字「在嗎」，這位演員開始思索導演帶來的是好消息還是壞消息，自己該怎麼應對，陷入了胡亂猜測、過度內耗的糟糕狀態。

其實，該演員要解決問題，最應該做的不是梳理各種想法，而是行動起來，直接和導演溝通。後來，演員下決心給導演打了一個電話，發現原來導演只是希望他幫忙帶一杯咖啡，僅此而已。

你可能會嘲笑這位演員，但很多人在生活中會不自覺地陷入類似的模式。比如：加班寫方案，但是遇到瓶頸，寫不下去了，陷入了苦惱之中。和家人鬧矛盾，認爲家人不講道理，無法溝通，於是就進入冷戰狀態。認爲自己很差勁，好像什麼都做不好，一無是處。

此時，只靠自己主觀努力地「想」，已經沒用了，要「做」一些新的嘗試，行動起來。比如，前文的例子中，寫方案遇到瓶頸，可以去請教他人，也可以問問 AI 語言大模型。和家人鬧矛盾，可以開誠布公地深聊一次，也可以和家人一起去找專家諮詢。認爲自己一無是處，可以在家裡做一次大掃除，也可以去運動，完成一個力所能及的小挑戰，慢慢找回能量。

總之，一定要動起來。想不通時，最常見的做法就是去戶外走走，運動一下。也可以去其他地方旅行，比如有些人去了青藏高原，發現在遼闊壯美的大自然面前，自己的那點煩惱根本不算什麼；有些人去偏遠山區做支教老師，在淳樸的孩子們身上找到了自己的人生價值。

2. 心情糟糕時，改變行為

行爲激活療法有十個核心原則，第一個就是：改變情緒體驗的關鍵是改變行爲方式。改變內隱的心情比較難，但是改變外顯的行爲卻很簡單。

當我們心情糟糕時，不管是鬱悶、焦慮、悲傷、憤怒，都可以做一些簡單、容易的事情，來改善自己的心情。心理學的研究已表明，人的身心是合一的，身體壓力和心理壓力會互相轉化，緩解身體壓力就會緩解心理壓力。

爲了緩解當下的負面情緒，我們可以做自己喜歡的運動，比如跑步、游泳、打球，也可以聽聽音樂，唱唱歌，看一部電影，吃一頓美食，和朋友通電話、聚會，參加一個有趣的活動，等等。盡量做那些能立竿見影獲得正反饋的小事，比如跑步一公里，整理一下衣櫃，看完一部高分電影，去樓下扔垃圾，去戶外遛狗。這會讓我們獲得對自己、對生活的掌控感，逐步恢復信心和能量。

爲了讓心情保持長期的積極、正向，我們需要做一些有挑戰的事來獲得成長和進步。比如，培養一個愛好，如釣魚、養多肉、打太極，在一個領域從一無所知到入門，再到精通，這會讓我們形成規律性的生活節奏，不斷地從中獲得正反饋和愉悅的情緒。

再比如，制訂一個目標，然後努力實現它。像我寫書，每週、每月都要付出時間和精力，每寫完一篇文章，都會獲得滿滿的成就感，每向前邁進一步，都會感到精神振奮。最終書稿完成，出版發行後，會帶來更多、更好的積極情緒。

作爲一個演講培訓師，我經常告誡學員，當面臨一場重要的演講時，緊張、恐懼是很正常的，此時改變負面心情、情緒、感受的唯一方法，就是行動起來。充分準備演講，比如找演講教練輔導，打磨演講稿，反覆演練，去現場彩排。這一系列動作下來，演講者即使還會緊張，也已經有了足夠的底氣和信心。

3.行動就是一切

你也看到了，無論幫助他人還是自己，改變行爲、行動起來是最直接有效的方式。行動就是一切，想一百遍道理，不如眞實做一次。

行爲激活治療的十個核心原則中，提到最多的就是行動。比如：按照計畫而不是情緒來組織和安排活動；從小處著手，改變更容易；強調行爲的自然強化；不要光說不做；掃除行爲激活的一切可能的和實際的障礙。

你可能會說：道理我都懂，但我就是動不起來，怎麼辦？我的建議是：循序漸進，從微習慣開始，邁出去一小步。不要讓自己產生畏難心理，害怕、不想做的時候，就降低難度，直至簡單容易到自己不可能完不成。比如想跑步，開始不要制訂跑馬拉松的目標，就先從散步、慢跑開始。如果不想出門，連散步也做不到，就從在家裡來回踱步開始，先在房間裡走五分鐘。

古人說：天下事有難易乎？不爲，則易者亦難矣；爲之，則難者亦易矣。不做，就難；做了，就容易。自古以來，始終如此。

綜上，當我們改變想法和心情受阻時，不要忘記還能改變行爲，行動起來。或許，我們首先應該做的就是改變行爲，不管想法和心情如何，先做起來再說。

第六章◆這樣說，利於親子溝通

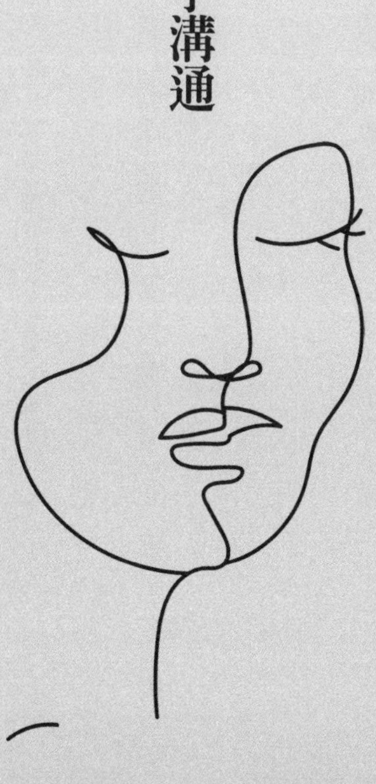

羅森塔爾效應：鼓勵真的會讓人變好

我們知道，父母和老師對孩子的鼓勵非常重要，一句無意間的誇獎甚至會影響孩子的一生。在鼓勵的作用下，一個充滿愛和欣賞的家庭會更幸福美滿，一個彼此支持和認可的公司會蒸蒸日上。

那麼，爲什麼鼓勵對人如此重要？爲什麼鼓勵眞的會讓人變好？羅森塔爾效應（也叫皮格馬利翁效應）可以解釋背後的原理。

什麼是羅森塔爾效應

美國心理學家羅森塔爾（Robert Rosenthal）做過一個實驗，他對一所小學的學生做了一份智力測驗，號稱挑選出其中最優秀的二十%的學生，把名單交給了校方，並且要求這份名單向學生保密。

儘管老師們對其中一些名字感到意外，但還是相信了羅森塔爾這位專家。老師們不知道的是，這份名單其實是羅森塔爾隨機選擇的，他眞正想測驗的是：老師的期望會不會影響學生的發展。

八個月後，羅森塔爾再次對學生做了一次智力測驗，發現那二十%的學生在智力方面的提升幅度，明顯高於其他人，而且這些學生的綜合素質也變得更好，比如性格更開朗、做事更積極。總之，他們變得比之前更優秀了。

爲什麼隨機選擇的一批學生眞的會變得更優秀呢？不難想像，在那所學校裡，老師雖然沒有告訴這些學生「專家已經測評過了，你天賦異稟」，但是他們無意間一定會透露出對這些學生的期待。

當學生收到一點正反饋後，會更積極，更努力，從而取得更好的成績，這讓老師更加相信專家的判斷，於是給予學生更多積極的關注，從而進入一種良性互動循環。

我們知道鼓勵和欣賞對一個人很重要，能讓人變得更好，但是卻不一定那麼心服口服，也不明白背後的原因。這個實驗在科學上做出了解釋，讓我們更加確信鼓勵的力量、欣賞的力量、相信的力量。積極的期望確實會讓人變好，這就是羅森塔爾效應。

鼓勵，真的會讓人變好

你如果希望一個人變得更好，就要從心底裡相信他可以，並且在言行上給予他眞誠的支持和鼓勵。尤其是上司對下屬、父母對孩子、老師對學生，切記做到這一點。

經歷過學生時代的你，一定深刻體驗過家長和老師的反饋對自己的影響，一句鼓勵和欣賞的話，會讓我們開心很長時間，感覺自己充滿力量。但是一句負面的批評和打擊，會讓我們意志消沉，甚至懷疑自己的能力。

我出生在偏僻的山村，絕大部分同齡人都沒考上大學，我的成長環境和他們大同小異，之所以從小會好好學習，其中老師、父母、親戚的誇獎起到了很重要的作用。

我印象很深刻的一個畫面是，從學前班剛升到小學一年級時，有一天一群孩子在校園裡瘋跑，我無意間聽到學前班老師和小學班主任的對話，她們好像在討論說：李朝杰這個孩子雖然年齡偏小，但是挺聰明，各方面學習都能跟得上。

那一刻我感覺自己很棒，小小的身體裡充滿了能量，覺得自己一定能學習好，得到老師更多的表揚。之後很多年進入了一個正循環：相信自己可以，於是努力學習；考出了好成績，得到了老師和家長的誇獎，從而更加相信自己。

我曾經和一位朋友以及他父親一起吃飯，期間朋友說：「我要考基金從業資格證，這對我以後做金融綜合服務有很大幫助。」讓我意外和震驚的是，他父親冷冷地說了一句：「就你，能行嗎？能考得過嗎？」這位父親估計平時也是這麼對孩子說話的。

我這位朋友從青春期到成人，經歷了嚴重的叛逆，他參加了三次大考，但每次都臨場棄考。我相信他父親內心是愛孩子的，但是和很多父母一樣，他們過分認同「玉不琢不成器」，對孩子實施打壓式教育，結果對孩子造成了不可挽回的傷害。

父母在給孩子反饋時，不要說：「你眞是笨死了」、「就知道你不行」、「這都不會，你還會什麼」、「別人都能做到，就你不行」、「你就不是這塊料」。而要耐心且眞誠地說：「再試一次吧」、「我相信你能做到，加油」、「只要努力，即使不成功，也會有成長」、「失敗不可怕，害怕失敗，從此不敢嘗試才可怕」、「相信你自己」。

所謂一言可以興邦，一言可以亡國。一句話可以成就孩子，一句話也可以毀掉孩子。

順便提一下，我們也要相信自己，多鼓勵自己。但是如果只有自我鼓勵，沒有實際行動，那麼也不會有好的變化。不是鼓勵直接導致了好結果，而是鼓勵讓一個人願意行動和嘗試，進而產生了好結果。

美國心理學家威廉・詹姆斯（William James）說：人最本質的需要是渴望被肯定。願我們多多鼓勵自己，鼓勵身邊每一個人。

四種家庭教養模式：讓孩子更有教養

家長們都希望培養出有教養、出色的孩子，但現實中常見的情況是：家長對育兒這件事傷透了腦筋，孩子在和父母溝通時也感到煩惱。

其實爲人父母也需要學習，否則你怎麼就知道自己的養育方式是對的？畢竟你也是零基礎「上崗」，要經過培訓才能「工作」。我們學習一下心理學家對家庭教養模式的研究。

美國心理學家戴安娜・鮑姆林德（Diana Blumberg Baumrind）提出，父母對孩子的教養方式包括兩個維度：情感和要求。情感維度上，有的人特別愛孩子，對孩子有求必應；有的人對孩子沒什麼感覺，反應冷淡；當然也有很多人介於兩者之間。要求維度上，有的人嚴格要求孩子，爲孩子制訂高標準；有的人對孩子沒什麼要求，忽視對孩子的管教；有的人介於兩者之間。

根據兩個維度的不同組合，可以形成四種家庭教養模式（見左圖）：權威型（高情感、高要求），專斷型（低情感、高要求），溺愛型（高情感、低要求），忽視型（低情感、低要求）。

下面我們來剖析每種教養模式下，父母和孩子的溝通方式，以及對孩子造成的影響。

1. 權威型

這是相對來說最合理的一種教養方式，父母對孩子有較高要求，讓孩子努力實現一個個目標。同時在情感上，也高度接納孩子，鼓勵孩子說出自己的想法，和孩子充分溝通，達成共識。

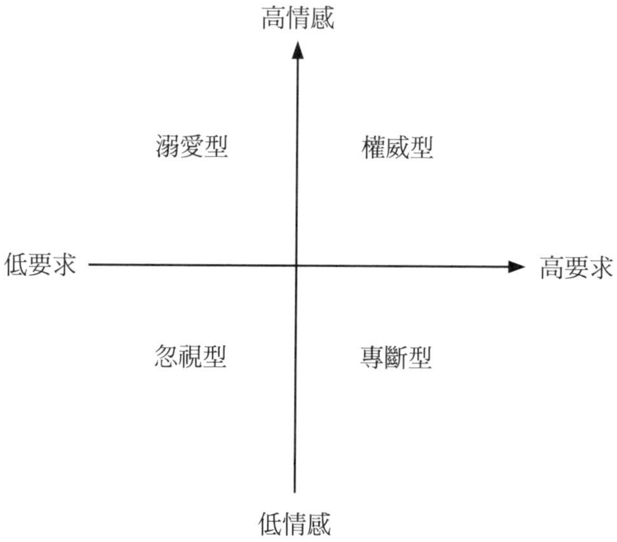

近些年大受歡迎的《正面管教》書籍和課程，倡導的核心理念就是：父母對孩子要溫柔且堅定。溫柔指的是在情感維度上給孩子足夠的愛、欣賞、接納，不能粗暴對待；堅定指的是在要求維度上有原則、有標準，不能縱容孩子。

比如，當孩子不好好吃飯時，權威型的家長會詢問原因，耐心聽孩子解釋。如果孩子無理取鬧，家長可能會說：「要好好吃飯，營養均衡，身體才會健康，如果你現在不吃早飯，那只能到中午才能吃飯，整個上午不能吃零食，這是我們家都需要遵守的規則。」

權威型模式教養下的孩子，各方面能力會獲得發展，同時心態積極、自信，善於控制自我，喜歡與人交往。

2. 專斷型

專斷型的家長在中國傳統社會很常見，他們在情感上或許也愛孩子，但是他們基本不會表露出來，更不會主動對孩子溫柔相待。他們最在意的是自己在孩子心目中的權威形象，孩子有沒有聽話，是否服從管教。《紅樓夢》中賈寶玉的父親賈政，就是一個典型的專斷型家長。

專斷型父母對孩子提出高要求、高標準，但很少和孩子充分溝通，不會傾聽孩子的心聲，對孩子的想法採取忽視、冷漠的態度。

比如，當孩子不好好吃飯時，專斷型的家長會嚴厲命令孩子說：「給我好好吃飯，別挑三揀四的，不吃完飯，就不能離開餐桌，再鬧，我就揍你！」

專斷型模式下長大的孩子，言行舉止還比較得體，但是他們常常表現出焦慮、退縮，缺乏快樂和積極的心態。但總體上，比溺愛型和忽視型教養模式下的孩子表現要好。

3.溺愛型

有些家長自己小時候沒有得到充分的呵護和關愛，於是希望自己的孩子不要有類似的經歷，留下終生遺憾。他們對孩子精心照料，甚至百依百順。

很多富二代、紈褲子弟就是溺愛型教養模式下的典型產物，父母在情感上高度接納、響應孩子，但是卻沒有給予足夠的教導、合理的要求。

比如，孩子不好好吃飯，溺愛型的家長可能會說：「好的，寶貝，你不喜歡吃米飯，媽媽給你買蛋糕……蛋糕也不吃了呀，那你想吃什麼呢……好好，不吃就不吃了，下午肚子餓的時候，我們再吃東西。」

長此以往，溺愛環境下長大的孩子會成爲家裡的「小霸王」，但是在家庭以外的環境中，別人可不會縱容他，即使別人因爲某些原因遷就他、討好他，但是在心裡不會眞正接納這樣的人。他們自私、任性，不會爲別人考慮，漸漸成爲不受歡迎的人。

4. 忽視型

我們要承認，不是每對父母都會在孩子身上投入無微不至的愛，有些家長因爲忙於繁重的生計，或者自身缺乏教育孩子的意識，他們對孩子採取漠視的態度，任由孩子「自生自滅」。

忽視型的家長在情感上沒有給孩子充分的關愛，在要求上也沒有盡到管教的責任。就像大量的留守兒童，父母常年在外打工，在物質上能給孩子提供基本的保障，但在情感上缺少積極、充分的互動，無暇顧及孩子的學習和成長。

比如，當孩子不好好吃飯時，忽視型的家長可能根本就不知道這件事，或者即使知道了，也不予理睬。

忽視型教養模式下長大的孩子沒有受到過關愛，也很難去愛別人，缺乏自制力和解決問題的能力。但凡有一個長輩在孩子身上投入愛和教導，孩子就不會成爲被忽視的人。

大部分家長的育兒方式，往往是四種教養模式的復合體，或者在某個階段偏向於某種模式。

優化育兒方式的前提，是認清自己的現狀，兩個維度、四種不同的家庭教養模式，就是一個分析現狀的好方法。對孩子缺乏情感陪伴的，就要有意識關愛、關心孩子；對孩子缺少要求和管教的，要給孩子制訂規則和標準，並且以身作則，和孩子一起遵守。

成長型思維：給孩子合理的反饋

如今的新生代父母大多都秉持欣賞和鼓勵孩子的態度，摒棄了傳統的打壓式教育，但是不恰當的表揚不利於孩子的成長，甚至會阻礙孩子的發展。那麼，應該怎樣正確地表揚孩子呢？怎樣給孩子合理的反饋？

什麼是成長型思維和固定型思維

二〇一七年九月十九日，騰訊創始人之一陳一丹先生創立的「一丹獎」，在香港公布首屆得獎者名單。美國史丹佛大學的心理學教授卡羅爾．德韋克（Carol S. Dweck），榮獲了一丹教育研究獎，獎金高達三千萬港幣。

讓德韋克教授獲獎的研究成果，正是她提出的成長型思維和固定型思維。我們要培養自己和孩子的成長型思維，相信人可以透過後天的積極努力，獲得成長和改變。你可能會想：就這，也能獲獎？這不是我從小就聽過的大道理嗎？

別急，德韋克教授是學習動機領域的卓越研究者，她進行了長期的科學調研和實驗，並且提出了培養成長性思維的有效策略。比爾・蓋茲說：德韋克的方法表明，僅僅對成長型思維模式進行一番深入瞭解，你就能讓自己的思想和生活徹底改變。

我們來對比一下兩種思維的不同態度，如下表所示。

固定型思維	**成長型思維**
逃避挑戰，害怕挑戰	迎接挑戰
討厭變化	擁抱變化
關注限制條件	尋找可能的機會
自己無能爲力	一切皆有可能
不願接受批評	主動尋求反饋
喜歡待在舒適區	喜歡探索新事物
自己的能力是一成不變的	可以透過學習提升能力
失敗很可怕	可以從失敗中學習
從學校畢業後不用再學習	堅持終身學習

怎樣對孩子做出明智的反饋

每個人都是兩種思維的混合體，只是在不同階段、面對不同事情時，會傾向於其中一種思維模式。我們要做的是，激發自己和身邊人的成長心態，培養成長型思維，尤其是教育孩子時更要如此。

1. 表揚孩子

要表揚孩子的努力，而不是聰明；要表揚過程，而不是結果。

比如，孩子考了一百分，家長不要說：「寶貝，你簡直就是一個天才，太聰明了。」這會引導孩子產生固定型思維，認為自己靠天賦就能考出好成績，不需要努力。而且孩子會為了維護自己的「聰明形象」，不願意嘗試更難的挑戰，因為萬一遇到障礙或失敗了，就顯得自己不聰明，辜負了父母的期望。

家長可以說：「你這段時間認真做作業，還建立了錯題本，看來這樣做很有效果。」這會引導孩子關注自己努力的過程，而且會激勵他繼續做出正確的行為。

2. 評價孩子

不要隨意給孩子貼標籤，過高評價的標籤會讓孩子有心理負擔，負面標籤會讓孩子陷入固定性思維。

比如，孩子不肯上台表演節目，家長如果說：「你這孩子，就是太內向，太膽小。」

這樣的評價只會降低孩子的自信和勇氣，讓他越來越抗拒上台。家長可以說：「大部分人上台都會緊張，沒關係，我們可以慢慢來。」

孩子畫了一幅漂亮的畫，家長不要說：「你眞是一個小畫家，太厲害了！」可以談談你的感受和欣賞，比如說：「這幅畫的配色很漂亮，這個紅色的屋頂和綠色的草地，讓人看了就很舒服。」後者會引導孩子關注畫畫的興趣本身，而不是自己多麼有天賦。

3. 批評孩子

當孩子的表現令你失望時，不要否定孩子的能力和智力，而要客觀地指出他的不足之處，提出建設性的意見和幫助。

比如，孩子做一道難題，很長時間還沒思路，或者學習一門樂器，沒有明顯的進步時，家長不能說：「這都不會，眞是笨死了，隔壁家的小明早就會了。」、「唉！看來你就不是學音樂的料。」這會讓孩子陷入「我很差，我不行」的固定型思維模式。你可以對孩子說：「你解題時非常專注，嘗試了不同的方法，這股堅持的幹勁很棒，如果需要幫助，可以找我，我們一起想辦法。」

當孩子遇到失敗和阻力時，家長可以用「暫時沒有╳╳」的句式來引導孩子採取成長型思維。

比如，孩子學不會騎自行車，你可以說：「你只是暫時不會騎自行車，堅持練習一定能學會。」孩子考試不及格，你可以說：「你只是暫時沒及格，我們來找找原因和辦法。」

總之，給孩子合理的反饋，目的是引導他培養成長型心態和思維。家長自己要先做好表率，做一個具有成長型思維的人，終身學習和成長。同時，在給孩子反饋時，要注意自己的用語。

認知發展階段理論：讓對話匹配孩子的認知

家長在和孩子溝通時，常見的聲音是：「整天就知道玩，也不學點東西」、「這麼簡單的題都不會，真是太笨了」、「你這孩子怎麼不懂事呢」、「我活了大半輩子了，現在都不知道該怎麼跟你說話」。

很明顯，這些家長很焦慮，如此養育的結果就是：家長很累，孩子不能按照自然規律健康成長，出現雙輸的局面。要知道，孩子的認知和成人是不同的，但是家長往往以自己的認知能力來要求孩子。

其實只要學習一下發展心理學的基本知識，就會對人在不同年齡階段的心理規律和認知能力有所瞭解。著名教育心理學家皮亞傑（Jean William Fritz Piaget）提出的認知發展階段理論，對家長和不同年齡段的孩子溝通，有很大的指導作用。

皮亞傑提出，人的認知發展包括四個階段：

1. 感知運動階段（二歲以前）

相當於嬰兒期，嬰兒透過感官體驗和身體動作來認識外部世界，他們只有看到、聽到、嘗到、摸到具體的物體時，才能認識它們。所以嬰兒對世界充滿了好奇，他們看看這裡、摸摸那裡，還喜歡把東西塞到嘴裡。

這個時期的家長要讓孩子充分接觸、感知豐富的世界。可以經常對孩子說：寶貝，你看，這是紅色；你聽，媽媽用筷子敲碗，就是這個聲音；你聞聞這朵月季花，好香哦；香蕉的味道，是不是甜甜的？你摸一下這個小熊，它的毛軟軟的，好舒服；這些積木有好多形狀，我們來玩吧；這是蘋果；這是杯子；天上有很多白雲，等等。

2. 前運算階段（二至七歲）

大致對應孩子的學齡前階段，從上育嬰班到幼兒園這幾年。這個時期的兒童開始從感官世界中擺脫出來，逐漸使用概念和符號來理解事物，比如能區分各種顏色，知道做錯了事會受到批評。他們的語言能力迅速發展，有時看起來甚至像一個小大人。但他們的思維仍然非常原始，比如：具有泛靈論，認爲一切事物都有生命和意識；不理解守恆、可逆；以自我爲中心，缺乏同理心。如果說嬰兒還分不清自己和世界的區別，認爲自己和世界是融爲一體的，那麼學齡前的幼兒，認爲自己看到的、感知到的就是全世界，別人眼中的世界和頭腦中的想法和他是一樣的。

這一時期，家長常見的錯誤言行是：讓孩子過度學習超越他能力範圍的知識，比如背誦很多唐詩，學習加減乘除運算，識記大量漢字和英文單詞，家長常爲此揚揚得意；而當孩子不明白常識性道理時，家長會十分生氣。

讓幼兒學習大量超前的知識，無異於揠苗助長，不利於孩子心智的正常發展，也會讓孩子對學習知識產生厭惡心理。此時家長應該做的是，繼續帶孩子感知大千世界，同時和孩子多互動，用豐富的詞彙和語句來描述遇到的事物，比如和孩子一起閱讀繪本，給他講《小紅帽》、《三隻小豬》等故事。

當孩子鬧情緒時，家長要做的不是指責孩子，因爲這時候的孩子還無法控制自己，不能夠站在別人的視角理解問題。家長需要耐心地引導孩子，說出他的情緒，讓孩子知道自己此刻的煩惱是什麼，這樣就能把情緒剝離開來，從而更好地認識和控制它。比如家長可以說：你是不是生氣了？爸爸剛才沒有陪你玩，你是不是有點失望？別的小朋友都背著小書包，你是不是羨慕他們，也想有一個小書包？

當孩子不明白基本的道理，不理解別人時，家長不要過分生氣、批評孩子。比如孩子體會不到爸爸媽媽的辛苦，而你對孩子說：「媽媽白天工作，下班後給你做飯，晚上還要給你洗澡，收拾玩具，眞是累死我了，你就不能好好聽話，讓媽媽輕鬆點嗎？」這時孩子是無法共情的，只會被你嚇住。

你可以拿繪本裡面的故事來引導孩子，比如可以說：「米米每次玩好玩具後，會幹什麼？是不是送玩具回家？那我們也來送玩具回家吧！」總之，純粹地講道理沒有用，耐心地引導和反覆地說明，才能讓孩子的心智慢慢成熟。

3. 具體運算階段（七至十二歲）

對應孩子的小學階段，這個時期的兒童逐漸把自己的重心從家庭轉移到學校。在思維能力上也比前運算階段前進一大步，他們能理解加減乘除運算，也理解了守恆、可逆等概念。不過，他們仍然缺乏抽象的邏輯思維。

學習成爲該階段兒童最重要的任務，但是很多家長更看重孩子的應試能力，而不是學習能力。其實，幫助孩子掌握高效學習的方法，培養對學習的興趣，擁有自驅力，比考出好成績更加重要。

因此，家長在和孩子溝通時，要重點引導孩子建立良好的學習習慣，保持對世界的好奇心。比如家長可以對孩子說：「考試成績我們暫且放下，一起看看有哪些題目是會做，但是沒有做對的，要找到原因，下次避免再犯類似的錯誤」、「你認爲這個數學知識可以用在生活中哪裡呢」、「我們用學到的語文知識給爺爺奶奶寫一封書信吧」。

另外，要培養孩子的同理心，引導孩子站在別人的角度看待問題，從而能更好地理解他人，對別人的想法也能體會一二，甚至感同身受。比如家長可以對孩子說：「上次你過生日，很多小朋友來我們家一起慶祝你的生日，你是不是很開心？那麼現在小紅過生日，她是不是也希望小朋友們去給她慶祝？那你應該怎麼做呢？」

如果沒有幫助孩子培養起良好的學習習慣和自驅力，那麼孩子即便暫時能考出好成績，以後也遲早會出現學習障礙，成績下滑。如果沒有引導孩子培養同理心，那麼孩子會以自我爲中心，自私自利，無法與他人友好相處。

4.形式運算階段（十二至十八歲及十八歲以後）

對應孩子的中學階段，包括初中和高中，這個時期的孩子和成人的思維越來越接近。他們開始擁有抽象思考的能力，比如能理解複雜的幾何知識、物理化學實驗、抽象的政治制度，還會思考我是誰、我要到哪裡去等人生命題。

如果說在具體運算階段，家長還需要全力幫助孩子，那麼在形式運算階段，家長就應該逐步放手，讓孩子主導自己的人生和未來，在生活上鍛鍊自理能力，在思想上也要逐漸獨立。

此時家長可以和孩子進行抽象思維層面的互動，比如問孩子：「你認爲自己有哪些優勢？怎樣發揮這些優勢？」、「你希望自己將來成爲什麼樣的人，過什麼樣的生活？」、「假如遇到一個你不喜歡的老師，你會怎樣對待這門功課？」、「你最喜歡哪本經典名著？爲什麼？」

綜上，發展心理學的研究已經指明了人類普遍的認知發展規律，幫助我們更瞭解自己，更瞭解孩子，從而在符合孩子認知能力的範圍內，和他們好好說話。

多元智力理論：如何培養「笨孩子」

家長在面對考試成績不佳的孩子時，往往會很焦慮，爲他們的能力和未來感到擔憂。很多孩子自身的壓力也很大，他們考不出好成績，會認爲自己智商不如別人，陷入焦慮和自卑。

其實我們都知道，人生的出路不只考試、升學這一條，「條條大路通羅馬」，「三百六十行，行行出狀元」。但在面對現實中的升學考試時，還是會絞盡腦汁提升成績。

什麼是多元智力理論

心理學家霍華德・加德納（Howard Earl Gardner）出版的《智能的結構》一書提出：智力是在某種社會和文化環境下，個體用以解決遇到的難題或創造出有效產品所需要的能力。人的智力包括八種，分別是語言智力、數學邏輯智力、音樂智力、空間智力、身體運動智力、人際關係智力、內省智力、自然智力。下面我們逐一解釋。

語言智力：就是和語言表達相關的聽說讀寫能力，有些人文筆很好、口才很好，體現的就是語言智力。

數學邏輯智力：就是進行數學運算、邏輯推理的能力，我們在學生時代一定都遇到過數理化成績特別突出的同學，他們的數學邏輯智力就比較高。

音樂智力：是感受、辨別、表達、演奏音樂的能力，有些人一輩子五音不全，而有些人從小對音樂就很感興趣，專業調音師能敏銳地發現並解決樂器的細微問題。

空間智力：是感知形狀、結構、方位的能力，空間智力高的人在繪畫、雕刻、建築設計等方面會更擅長。

身體運動智力：是協調自己的肢體、做出恰當表現的能力，比如運動員、舞蹈演員、雜技表演者，都需要具備較高的身體運動智力。

人際關係智力：是與他人交往、溝通、合作的能力，也就是人們通常所說的情商。人際關係智力高的人，能敏銳感知到別人的情緒、意圖，並做出合理的回應。

內省智力：是觀察和感知自我、進行思考和反省的能力。認識自己是一件不容易的事，內省智力高的人在思想和哲學方面會有較高的造詣，比如晚清重臣曾國藩、日本著名企業家稻盛和夫，就經常自我反省，他們都是思想家。

自然智力：是探索和感知自然世界的能力。自然智力高的人能更好地適應我們所處的物理世界，在動植物、農業、地理等領域獲得成就，代表者有醫藥學家李時珍、旅行家徐霞客等歷史人物。

每個人都同時具有以上八種智力，只是每種智力的高低有所不同，不同智力的組合又帶來了人與人之間的差異。所以，智商測試、考試成績不能代表一個人全部的智力，它們主要體現了一個人在數學邏輯和語言讀寫方面的能力。

如何培養「笨孩子」

當孩子在學校不擅長學習時，家長不要過分焦慮，可以瞭解一下多元智力理論，並介紹給孩子和家人，讓大家在認知和心態上緩解壓力。除了繼續想辦法提升學習成績外，還可以探索和發現孩子其他方面的智力，最終揚長避短，獲得自信和成就。

另外，以下幾個關於多元智力的小故事，建議家長和孩子瞭解一下，也可以分享給身邊的親友，幫助他們緩解智力焦慮。

1.錢鍾書的故事

錢鍾書是著名學者、作家，學貫中西。一九二九年考入清華大學時，國文特優，英文滿分，數學卻只有十五分，但這不影響他後來在文史方面取得巨大成就。他因《圍城》一書被廣大讀者所熟知，其實這只是他眾多著作之一。

錢老的數學邏輯智力或許一般，但語言智力絕對是首屈一指。

2.陳景潤的故事

陳景潤被譽爲他所在時代裡最偉大的數學家，這樣一位數學奇才在生活自理和人際交往方面卻表現「極差」。

他大學畢業後來到北京四中教數學，結果因爲不善言談，不會處理和學生的關係，丟掉了教師的工作。而後他潛心研究數學，沒有時間談感情，直到四十七歲才結婚。

很明顯，陳景潤先生的數學智力極高，人際交往智力卻不足。

3.全紅嬋的故事

二〇二一年八月，年僅十四歲的全紅嬋，獲得了東京奧運會跳水女子單人十公尺跳台金牌，成爲家喻戶曉的人物，此後更是實現了奧運會、世錦賽和世界盃的金牌大滿貫。二〇二三年，國家體育總局授予全紅嬋「國際級運動健將」稱號。

這樣一位運動天才，卻不愛學習文化課，她大方承認自己當初就是不喜歡讀書，所以才選擇跳水運動。她的初中班主任評價說：「全紅嬋除了學習不好外，其他哪兒都好。」

根據多元智力理論，全紅嬋是一位運動智力極高的人。

4. 邢小穎的故事

邢小穎畢業於陝西工業職業技術學院的材料成型與控制技術專業，二〇一四年，二十歲的她以專業綜合排名第一的成績，被清華大學聘用爲實踐指導老師，給清華的本科生講授鑄工實訓課程。此後連續八年，獲評清華大學基礎工業訓練中心實踐教學特等獎和一等獎。

很明顯，刑小穎老師的空間智力和運動（操作）智力是很高的，因此大專畢業的她，照樣可以成爲清華大學的老師。

類似的故事不勝枚舉。我們一定要明白，考試成績差，不代表就是笨孩子。退一萬步講，即使你的孩子學習成績始終不好，沒考上大學，也永遠不要定義爲智力不行，不要放棄在其他領域的嘗試。

相信人人皆有稟賦，要發現它，點亮它。

外顯自尊和內隱自尊：提高孩子的自尊水平

我們知道自尊對一個人的重要性，誰都不願意像阿 Q 那樣沒有尊嚴地活著。那麼究竟應該如何提升自尊？家長應該如何幫助孩子培養自尊？主管應該如何幫助敏感的下屬提升自尊？外強中乾的人真的有自尊嗎？

什麼是外顯自尊和內隱自尊

美國喬治亞大學的心理學家麥克・柯尼斯（Michael Kernis）提出的自尊理論，能給我們帶來啓發和指導。

他提出，人的自尊包括兩個層面：外顯自尊和內隱自尊。外顯自尊就是人們通常所理解的意思，別人表面上尊重你，你也覺得自己值得被尊重。內隱自尊是一個人內心深處對自己的認可和接納，發生在潛意識層面，可能連自己都難以察覺。

根據這個定義，人的自尊類型包括四種（見下圖）。

1. 外顯自尊和內隱自尊都高，稱為穩定高自尊

這樣的人受人尊重，同時內心深處也真正相信自己、認可自己。《三國演義》中的諸葛亮就是穩定高自尊的人，哪怕沒人請他出山，他也不會懷疑自己的能力。

2. 外顯自尊高、內隱自尊低，稱為不穩定高自尊，俗稱外強中乾

這樣的人表面上自尊心強，但內心卻是脆弱的，甚至充滿深深的自卑感。別人誇他兩句，他感覺很好，但別人不認可他時，他會憤怒，反應過度。歷史上元末明初的陳友諒，電視

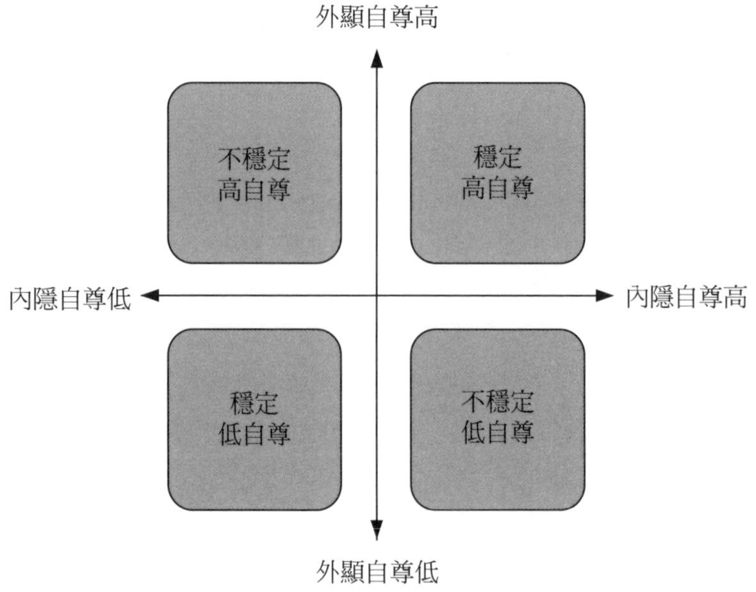

劇《人民的名義》中的祁同偉，《狂飆》中的高啓盛，都是這樣的自尊類型。

3.外顯自尊和內隱自尊都低，稱為穩定低自尊

這樣的人在人群中不起眼，是「小透明」。上學時老師注意不到他，工作後上司會忽視他。那些生活中唯唯諾諾的人，別人批評他兩句，他會不加辯解地承認「都是我的錯」；取得了一點成就，他會認爲是自己運氣好，甚至感到誠惶誠恐，自己配不上這樣的成就。

4.外顯自尊低、內隱自尊高，稱為不穩定低自尊

這樣的人內心還是比較認可自己的，但是表面上並不張揚。在輕鬆友好的場合，他會表現一下，但是遇到衝突，被反對時，很容易繳械投降，退縮逃避。

生活中我們往往只看到了外顯自尊，也就是一個人表面上有風度，別人也對其客客氣氣。但如果只有這一點，還不是眞正的自尊，因爲他的內心可能很脆弱，當遇到反對和質疑時，就會失去風度和自信，甚至恐慌、憤怒。

怎樣提高孩子的自尊水平

很明顯，我們應該追求成爲穩定高自尊的人，也就是外顯自尊和內隱自尊都要高。我們也希望自己的孩子成爲這樣的人，那麼該怎樣做呢？我總結了三個建議：

1. 外顯自尊方面

多對孩子表達積極言語，當孩子遇到挫折時，鼓勵他克服難關，迎接挑戰；當孩子取得成就時，要眞正地欣賞和讚美他。

但凡事過猶不及，有些家長拋棄了「打壓式教育」，卻會陷入過分「賞識教育」的泥坑。比如，不讓孩子受到一點挫折，把孩子關照得像溫室裡的花朵。孩子取得一點小成就，家長就做出誇張的表揚：「哇，你可眞是天才，太優秀了」、「說吧，你想要什麼，爸爸就給你買什麼」。

這種模式下培養出來的孩子，會有較高的外顯自尊，但看似強大的外表下，可能隱藏著一顆玻璃心，受不得一點委屈，遭遇打擊時就會「原形畢露」。小說《天龍八部》中的慕容復就是一個典型，他苦苦追尋的復國稱帝的美夢破碎後，精神崩潰，成了一個瘋子。

我們在生活中有時會聽到一種叮囑：這個人自尊心很強，你和他溝通時千萬要注意。這樣的人就是不穩定高自尊，像溫室裡的花朵，只能待在溫和的環境下接受欣賞和讚美，一遇到現實世界的風吹雨打，就會迅速凋零。

2.內隱自尊方面

想讓孩子擁有強大的內心，成爲內隱自尊高的人，就要培養他的內在成就感、自我效能感，相信自己有良好的能力和品格。那些不懼世人眼光、堅持信念不動搖、取得巨大成就的人，都是內隱自尊極高的人，比如任正非、馬雲。

家長可以引導孩子做好以下三點（成人同樣也適用）。

首先是不怕失敗。只要努力做一件事，一定會遇到失敗，在失敗中吸取教訓，加以改進，人就會成長。正如曼德拉所說：我從不失敗，要嘛獲得成功，要嘛獲得成長。

小學三年級的小雅想競選班幹部，但是害怕同學們不選她，媽媽對小雅說：「你儘管去競選，哪怕沒選上也不要緊，我們可以事後分析原因，下次再來，總有一天你會當選。」這就是在引導孩子建立內隱自尊。

其次是不怕犯錯。多少人小心翼翼地度過了平庸的一生，他們不敢挑戰，不敢創新，不敢嘗試，原因就是害怕犯錯。殊不知，人在犯錯中才會成長，如果一個人總是做容易的事、熟悉的事，看似不出錯，卻再也不會成長了，也就無法練就強大的內心。

小亮自從期末考試不理想後，在老師的建議下，他改進了學習方法，建立一個錯題本，把平時做錯的題都收集起來，定期複習。老師對小亮說：「只有平時多犯錯，及時糾正，重大考試時才會少犯錯。」

作爲家長，要鼓勵孩子直面錯誤，從錯誤中學習，在錯誤中成長。

最後是取得大大小小的成就。這是培養內隱自尊方面最重要的一點，人的自信心和成就感是從成功的經歷中逐步培養起來的。我們可以失敗，可以犯錯，但如果從來都沒有成功過，那麼就很難體會到對自我的掌控感，也很難在內心深處眞正尊重自己。

讓孩子取得一點成就並不難，他總有一兩個方面是相對優秀的。比如，語文和數學成績不好，但是科學成績還可以，那就鼓勵他參加學校科技展，展示自己的科技小作品。文化課學習一般，但是孩子在跑步比賽中表現優秀，那就引導孩子多鍛鍊跑步，在學校運動會中嶄露頭角。

從小成就開始，逐步挑戰更難的目標，取得更大的成就。一個人取得的成就越大、越多，內隱自尊也會越高。

3.合理調整

心理學家威廉・詹姆斯提出過一個公式：自尊＝成功／抱負。根據這個公式，提升自尊有兩個途徑：獲得更大的成功，降低自己的抱負。

試想，如果一個學生的目標是成爲年級第一，但最終只排到年級五十名。另一個學生的目標是考進年級前一百名，最終居然排到年級五十名。雖然結果是一樣的，但是後者對自我的認可度會更高，自尊感更強。

我們當然應該鼓勵孩子追求更好的結果、更大的成就，但是骨感的現實和豐滿的理想不一致時，也要引導孩子學會調整期望，適當降低一點抱負，這樣內心才會平衡，自我效能感才會維持住。這不是自欺欺人，而是一種人生智慧，畢竟大多數人都是普通人，過著平平淡淡的生活。

最後，家長要時刻牢記，以身作則是最有效的教育，家長如果是穩定高自尊，孩子在自尊方面通常也不會差。在父母耳濡目染的良好影響下，孩子會尊重自己，相信自己，也會尊重他人，敬畏世界。

第七章◆這樣說，幫助他人

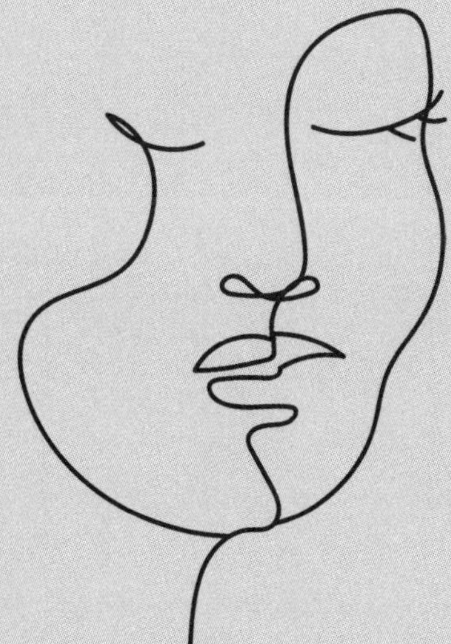

原因論和目的論：幫助他人發生改變

改變不是一件容易的事，很多時候人們明知道該怎麼做，但是偏偏不行動，而且有很多看似合理的理由。

比如，一個肥胖的人明白自己應該減肥，卻不行動，還責怪父母過去沒有好好管理自己的飲食習慣。一個單身的男青年希望有女朋友，但是他認爲自己長得不帥，而且家境和工作一般，於是沒有勇氣追求心儀的女孩。一個年輕人做著自己討厭的工作，但是又不敢換工作，因爲他認爲自己學歷一般，能力平平。

我們身邊一定有這樣的人，或許自己就是。心理學家阿德勒提出的目的論，能幫助我們看清問題的本質，獲得前行的力量。我們可以使用這個心理學知識來開導他人或自己。

什麼是原因論

拿我自己來舉例，在我二十多歲之前的歲月裡，說話結巴是一個深深困擾我的問題。學生時代，因爲結巴，我不敢上台競選班幹部，不敢向心儀的女生表白，不敢給別人打電話。我怕被人聽出結巴，進而被嘲笑和看不起，傷到自尊心，於是就盡量規避一切重要場合的講話。其實我也很想表現自己，想大大方方、流利自信地說話，可是我做不到，還陷入懊惱之中，甚至怨恨父母把不良基因遺傳給了我。

對以上問題常見的解釋是：因爲說話結巴，所以我產生了一系列社交、溝通方面的問題。這就是典型的原因論：因爲A，所以B。我們試圖給自己的困境找出合理的原因，以達到邏輯自洽。即使問題無法改變，煩惱無法消失，但至少能解釋得通，甚至帶來自我慰藉。

比如，如果父母沒有遺傳給我不良基因，我就不會說話結巴。如果我不結巴，我就能大大方方地交談，成爲一個自信的人，收穫美好的愛情和成功的事業。所以我現在這麼失敗，都怨結巴，怨父母。

根據原因論，過去導致了現在，自己無法改變過去，也就無法改變現狀。現在會導致未來，因此未來也無法改變。最終什麼都改變不了，人生就這樣了。這顯然是悲觀、消極、機械的思維，而且它無法解釋一個不爭的事實，就是經歷了相同的過去，有些人卻能改變現在和未來，擺脫過去的影響。

比如，一些說話口吃的人能解決這個問題，甚至練好口才，收穫成功。譬如古希臘的雄辯家迪摩西尼（Demosthenes），美國成人教育之父戴爾·卡內基，中國古代思想家韓非，當代哲學家馮友蘭。所以，原因論存在謬誤，在原因 A 之後，不僅有結果 B，還可能有其他結果 C、D、E。

什麼是目的論

還是拿我自己舉例，在二十多歲之前，規避在重要場合講話，其實是我的目的。爲了實現這個目的，我找到了說話結巴這個藉口，有這個擋箭牌，我就可以理所當然地逃避演講，不向心儀的女生表白，不輕易給別人打電話。

更進一步，說話結巴也是我的目的，爲了實現這個目的，我的藉口是父母遺傳，這樣我就不用改變不良的說話方式了。這種心理過程難以被理解和接受，它不是在意識層面完成的，而是在潛意識層面進行，甚至當事人自己都覺察不到。

根據阿德勒提出的目的論，不是因爲 A，所以 B；正好相反，B 是目的，A 是手段和藉口。這是對人類心理和行爲的一種深刻洞察。

比如，一個人「不減肥」是目的，這樣他就可以把自己所有的困境都歸結到肥胖上。

甚至會想：如果我不胖，早就如何如何了，只要我不胖了，就一定能如何如何。萬一他真的有一天減肥成功了，但還是不如意的話，那麼他就不能再拿肥胖當藉口了，這樣就會陷入不確定的恐慌和迷茫中。

一個單身的男青年「不找女朋友」是目的，他的手段和藉口是自己不帥、家境和工作一般。他的臆想是：只要我長得帥、家裡有錢，早就有女朋友了。這樣他就可以繼續心安理得地不努力，甚至頹廢，過著平庸、痛苦，但邏輯自洽、不至於崩潰的生活。

一個討厭自己工作的年輕人「不換工作」是目的，手段和藉口是自己學歷一般、能力平平。他有時候會想：如果我像人家一樣有高學歷、能力強，就能找到好工作了。他拿學歷、能力一般，來禁錮和欺騙自己，繼續日復一日地討厭工作、抱怨上司。

心理治療師伯特．海靈格（Bert Hellinger）說：受苦比解決問題來得容易，承受不幸比享受幸福來得簡單。秉持原因論，認爲過去導致了現在的人，寧可繼續受苦、承受不幸，也不解決問題，不追求幸福。他們認爲，自己改變不了，問題解決不了，相比較改變之後的不確定，他們更願意繼續維持痛苦、但至少確定的現狀。

根據目的論，我們應該怎麼改變

1.決定我們的不是過去的經歷，而是自己賦予經歷的意義

無論是經歷童年的不幸、求學時的挫折，還是遭遇創業失敗、婚姻破裂，這些都不是我們抱怨過去、不做改變的理由。你怎樣看待和解釋過去的經歷，決定了你現在的心境和選擇。

比如，同樣經歷過童年時期被虐待、被拋棄的兩個成年人，一個人始終走不出陰影，過著自暴自棄、怨天尤人的生活。另一個人卻走上了陽光、幸福的道路，因爲他認爲自己的童年已經夠不幸了，之後的人生一定要幸福，才對得起自己的生命，而且一定要讓自己的孩子度過幸福的童年。

奧地利心理學家維克多・弗蘭克（Viktor Emil Frankl），在第二次世界大戰期間被關進納粹集中營，他的父母、兄弟、妻子先後死去，身邊的其他猶太人也在痛苦中死亡。在這種煉獄般的煎熬中，他沒有放棄生的念頭，透過想像著自己將來自由後，在大學裡給學生們講述集中營的經歷，探討人性的問題來支撐自己活下去。

弗蘭克在其著作《向生命說 Yes》中寫道：人所擁有的任何東西，都可以被剝奪，唯獨人性最後的自由——也就是在任何境遇中選擇自己態度和生活方式的自由，不能被剝奪。二戰結束後，弗蘭克繼續從事自己熱愛的工作，成爲意義治療與存在主義分析心

理治療學派的創辦人，向全世界推廣意義療法。

反觀其他在納粹集中營被關押的人，有些人不是被納粹直接殺死的，而是不堪忍受折磨，選擇放棄生命的希望。還有一些後來被解救、獲得自由的人，陷入了長期的痛苦之中，始終受到這段經歷的不利影響。我們不是要苛責這些不幸的人，而是作爲後來者和旁觀者，在對比之下，更應該向弗蘭克學習。決定我們的不是過去的經歷，而是自己賦予經歷的意義。

2. 面向未來設立新的目的，思考自己能做什麼

根據目的論，只要摒棄不合理的目的，勇敢地向前邁一步，設立新的、更合理的目的，現狀就會豁然開朗。

比如，前文中單身的男青年把目的設定爲「找一個女朋友」，進而思考：我有哪些優勢？我要追求誰？我該怎麼做？然後在現實中勇敢地追求心儀的女孩，哪怕失敗了也沒關係，至少會提升他和異性交往的能力，甚至會越挫越勇，和有緣人終成眷屬。

就像那句雞湯說的：想，都是問題；做，才有出路。遇到困境，如果只是尋找藉口，推卸責任，只會讓自己意志消沉，不思進取。轉變思維，想想自己能做什麼，哪怕改變

一點點，生命的齒輪也許就會開始轉動。

我擺脫說話結巴的影響，克服演講恐懼，轉型成爲一名培訓師，契機是參加了一次演講俱樂部的活動。從此持續訓練一年多，困擾我二十多年的問題就解決了。如今我偶爾還會結巴，但是它已經不會再令我難堪和痛苦，反而是促使我堅持鍛鍊口才的原因和動力。如果我當年沒有嘗試改變，繼續自怨自艾，作繭自縛，那麼現在的人生就是另一種面貌了。

當你的親友（或者你自己）遇到困境，不知道怎麼辦時，問問他們：「除了分析原因，以後你想過什麼樣的生活？達到什麼目標？爲了實現這些，你能做什麼？應該做什麼？」由此啓發他們，從原因論思維轉向目的論思維。

阿德勒說：任何經歷本身並不是成功或失敗的原因，我們並非因爲自身經歷中的刺激——所謂的心理創傷而痛苦，事實上，我們會從經歷中發現符合自己目的的因素。

過去的經歷，既能視爲不改變的藉口，也能作爲改變的動力。你過去和現在是誰不重要，重要的是你未來想成爲誰。

自卑感與自卑情結：幫助他人戰勝自卑

有人說：自信比黃金還寶貴。確實，自信是一個人成功和幸福的關鍵基石，不自信的人很難體會到「自信人生二百年，會當水擊三千里」的豪邁。

可惜的是，有大量的人不自信，乃至自卑。我過去是一個比較自卑的人，後來經過長期發展，變得沒那麼自卑了，但至今我還不敢說自己是一個非常自信的人。這個問題困擾著我，也困擾著無數人。

心理學家阿德勒的理論，對一個人克服和超越自卑有很大的幫助。當你需要療癒自我或者幫助他人時，就可以參考下面的觀點。

每個人都有自卑感，這是正常現象

我們很容易產生一種錯覺，以爲只有自己自卑，其他人（尤其是那些成功的人）看起來都怡然自得、光鮮亮麗，他們一定很自信，至少不自卑。就像我們上台演講時，以爲只有自己緊張，其他人不緊張，其實這也是一種誤判。

阿德勒告訴我們，每個人都有自卑感，這是極其正常的，不必爲此感到羞愧、自責。兒童難以做到很多大人輕而易舉就能完成的事，自然會產生自卑感。成年人初步涉足一個領域時，面對前輩、大咖，也會產生自卑感。哪怕是一個頗有建樹的專家、主管，在面對不熟悉的新領域時，也會有自卑心理。

自卑感能促使一個人萌生成長和進步的動力，進而付諸行動，從不敢到敢，從不會到會，從陌生到熟練，最終戰勝自卑。回想一下，你小時候學走路、學習騎車，長大後學開車、學做飯，不都會經歷這樣的過程嗎？

我們應該規避的不是自卑感，而是自卑情結

自卑情結是指一個人面對難題時，表現出無能爲力、逃避退縮的心理。它有兩種極端：一種是意志消沉、眼神黯淡，不敢做有挑戰的事，這種情況很容易就能看出來；另一種是外表狂妄自大、內心極度自卑，也就是外強中乾，俗稱紙老虎，這樣的人透過打壓別人、拒絕評價來彰顯自己的優越感。

舉個例子，三個年輕人同時進入一家公司做業務，從事陌生的行業和崗位，三個人都感到壓力很大。甲的做法是虛心向老員工學習，磨練銷售技巧，一年後成爲公司的銷

售明星。乙也很努力，但是堅持半年後，認爲自己不適合做業務，於是跳槽去做別的工作了。丙開始也充滿希望，但是面對客戶的冷酷拒絕，內心從忐忑變成沮喪，後來主動辭職，不再找新的工作，宅在家裡啃老。

這三個人初期都是有自卑感的，不同的是，甲和乙的自卑感是良性的，而丙則發展成了自卑情結，對生活失去了信心和希望。

戰勝自卑感的兩種方式

1. 直面問題，彌補短板

這是最爲人們所推崇的方式，俗話說：在哪裡跌倒，就在哪裡爬起。一個人發現自己的不足和缺點時，首先應該做的就是想辦法解決問題。

狄摩西尼是古希臘著名的雄辯家，經常發表慷慨激昂的演講。然而，他在年少時卻是一個口齒不清、說話結巴的人。他爲此進行了長達十年的刻苦訓練，比如口中含著小石子練習發音，在陡峭的山路上一邊攀登，一邊吟誦，對著鏡子反覆練習演說，他最終成爲一流的演說家。

心理學家阿德勒從小體弱多病，直到四歲才會走路，五歲時差一點因爲肺炎失去生命，成人後也是個子不高，內心存在深深的自卑感。但是，他透過努力學習，取得了醫學博士學位，成爲一名醫生，後來轉向精神病學，開創了個體心理學，成爲和佛洛伊德、榮格齊名的心理學大師。

狄摩西尼和阿德勒都是戰勝自卑的典型案例，相信你在生活中一定見過類似的現象：一個資質平平的人透過奮鬥，練就了一項技能，成就了一番事業，從而戰勝自卑，收穫自信。

2. 轉移陣地，解決其他問題

當我們在一件事上反覆受挫後，除了繼續堅持，還可以選擇換一個方向，所謂山不轉路轉，不必一條路走到底。你解決不了某個問題，不代表其他問題也解決不了。

例如，劉備不是一名成功的商人，卻是一位優秀的政治家、領導人。全紅嬋不是學霸，但卻是世界上頂尖的跳水運動員。

轉移陣地，解決其他問題，不是建議你隨意放棄，胡亂嘗試，而是要避免因爲在一個領域失敗或不順，從而陷入全面的自卑情結中。我們不能因爲一次失敗或一個領域的失敗，而全面否定自己，「天生我材必有用」不是一句空話。

是否一定要戰勝自卑

健康充實的人生是一個不斷超越自卑的過程，在一個領域克服自卑、收穫自信後，在其他領域也應該這麼做。

有人可能會說：我就想平平庸庸地度過一生，哪怕自卑也無妨。你當然可以這麼做，但是這樣的人生終究是有遺憾的，沒有全然綻放。

人在一生中至少要在一個領域達到自信的程度，這個領域最好是自己的工作、專業，也可以是興趣愛好，比如打撞球、練瑜伽。至於自信的程度有多高，這就是個人主觀感受了。只要你透過在這件事上的努力，覺得自己是有能量的，是可以做成一些事的，就視為在該領域超越了自卑，獲得了自信。

只要在一個領域體驗到了從自卑到自信的過程，那麼這種成長的心法就可以遷移到其他領域，進而獲得在其他領域的成長。哪怕只在一個領域有自信，在其他領域存在自卑感，一個人也不會認為自己無能，因為他有生存的資本、能量的來源。

總之，自卑不可怕，可怕的是讓人「不得翻身」的自卑情結。當你透過努力在某方面戰勝自卑後，你就可以自豪地說：我是一個超越了自己的人。

大腦的作用機制：克服演講緊張

我是職業培訓師，主講課程是公眾演講，我深知演講是讓人聞之色變的一件事。幾乎每個人都說自己演講時會緊張，甚至特別恐懼。很多善於演講的名人，也承認自己在正式場合演講時會緊張。

美國知名作家、演說家馬克・吐溫甚至說：世界上只有兩種演講者，一種是緊張的，另一種是假裝不緊張的。

那麼，爲什麼人在演講時會緊張呢？其實這是生理原因造成的心理問題。

人的大腦結構

大腦是人體最精密的器官，經過億萬年的進化，已經高度發達，運行縝密。人的大腦包括三個層次，你可以理解爲從內到外依次是：爬行腦、情緒腦、理性腦。

1. 爬行腦

爬行腦是最早進化出來的，很多動物都有這個腦區，比如鱷魚、蜥蜴。它掌控著人和動物最原始的生理本能和慾望，如呼吸、進食、戰鬥等。

爬行腦掌控的人體功能是自動運轉的，不需要人的思考和決策。比如脈搏的跳動，在野外看到蛇會本能地恐懼和逃避，手無意間碰到滾燙的水壺會立即收回來。爬行腦保障了人的基本生存。

2. 情緒腦

情緒腦是之後進化出來的，哺乳動物有這個腦區，比如貓、狗、馬。它掌控著人和動物的情感和情緒，狗有開心、恐懼、憤怒等情緒，而鱷魚則沒有這些情緒，就是因爲前者有情緒腦，而後者沒有。

人的情感和情緒就更加豐富了，當我們有某種強烈的情緒時，生理上也會出現變化，比如激動的時候，心跳會加快，害怕的時候，瞳孔會放大。所以，情緒腦的變化能引導爬行腦發生作用，進而指揮人體器官產生變化。

3. 理性腦

理性腦是最晚進化出來的，也就是大腦皮層，靈長類動物有這個腦區，比如猴子、猩猩。當然，人類的理性腦是靈長類動物中最發達的，占據整個腦容量的三分之二。

理性腦負責高級認知功能，比如思考、發明、創新。所以人類能夠從茹毛飲血的原始狀態，進化到今天的文明高度。動物有情緒時，會發洩，甚至失控，但是一個人經過學習和發展，能用理性腦控制不合理的行爲和慾望，而不是任由情緒腦「胡作非爲」。

緊張的根源：杏仁核

杏仁核是情緒腦的一個區域，掌控著人和動物的恐懼、攻擊性等情緒。研究表明，當動物的杏仁核被刺激時，動物會表現出逃避、恐懼等現象。當人和動物處於恐懼狀態時，杏仁核會高度活躍。當動物的杏仁核被摘除，以及某些人的杏仁核因故受損後，恐懼情緒就會減退。

人類在長期的進化中，成爲眾人面前的焦點時（例如被圍攻），杏仁核就會被激活，引起恐懼情緒，進而引發爬行腦啓動生理反應，比如心跳加快、雙腿發抖，人的身體處於準備逃跑或戰鬥的狀態。

我們在眾人面前演講時，儘管理性腦知道觀眾不會吃了演講者，但卻無法阻擋情緒腦（杏仁核）操控爬行腦啓動生理反應，甚至完全籠罩在恐懼的情緒中不能自拔。因此很多人上台演講時會大腦一片空白，語無倫次，成爲被杏仁核挾持的「行屍走肉」。

好消息是，人的大腦是可以訓練的，否則就不會有那麼多領導者、主持人、演說家在台上侃侃而談，看不出有緊張的情緒。

關於大腦的可塑性，有一個很好的例子。海馬體是情緒腦的一個區域，負責記憶功能，人的海馬體體積越大，記憶量也會越大。有學者對英國倫敦的出租車司機和公車司機進行研究，發現前者的海馬體比普通人大出很多，而後者卻沒有這樣的現象。

這是因爲，出租車司機開車的路線不是固定的，需要識記大量的交通訊息，因此海馬體得以鍛鍊，體積變大。而公車的路線是固定的，司機不需要刻意記憶，按照固定的程序執行即可，因此海馬體沒有得到專門鍛鍊。

你看，海馬體可以訓練，杏仁核其實也可以訓練。

克服演講緊張的本質：管理杏仁核

既然杏仁核掌控人的恐懼情緒，而且大腦是可以訓練的，那麼我們只要管理好杏仁核，就能克服演講緊張。杏仁核訓練得越好，緊張情緒就會消解得越好。

二〇一九年奧斯卡最佳紀錄片是《赤手登峰》，記錄了美國攀岩大師艾力克斯．霍諾德（Alexander Honnold）在沒有任何輔助工具的情況下徒手攀岩，登上了九百多公尺高的酋長巖。

研究者對艾力克斯的大腦進行掃瞄，發現他在看到恐怖的圖片時，杏仁核不會像常人那樣顯著活躍，而是和平常無異。顯然，他在攀岩時，杏仁核也不會被激活，所以沒有恐懼情緒。但是，十幾年前艾力克斯剛接觸攀岩時，也無比害怕。

那麼艾力克斯的杏仁核是怎樣得到鍛鍊的？這對我們克服包括演講緊張在內的所有恐懼都有極大啓發。

1. 去真實的場景反覆演練

艾力克斯在徒手攀登一座山之前，都會佩戴輔助工具先攀登很多遍，熟悉每一個角落、每一步動作，相當於正式徒手攀岩前的彩排演練。

那麼，你在演講前有沒有去現場眞實演練呢？如果現場去不了，有沒有在別的地方演練呢？如果沒有，那麼你的杏仁核就未得到訓練，在現場眾目睽睽之下，會本能地被激發，引發人的恐懼情緒，讓你想逃避、逃跑。

我見過很多演講者，口口聲聲說自己很擔心某次演講，也很想講好，但是他們卻沒有在私下完整演練過哪怕一遍！這種情況下，演講時大概率就會被杏仁核挾持。

2. 在頭腦中反覆預演

艾力克斯還會寫詳細的攀岩日記，記錄自己的經驗、反思。在頭腦中設想和預演高難度動作，然後付諸實踐。他甚至設想可能出錯的每一個細節，包括跌落、流血等。所以他的大腦已經習慣了在普通人看來極其驚險的動作，在現實中遇到類似的情況時，杏仁核也不會特別活躍。

這給我們的啓發是，在演講前，除了眞實演練，也可以在大腦中預演演講的過程，想像自己走上台，開口說第一句話，之後順利地講完全部內容，最後瀟灑地走下台。羅振宇的跨年演講持續四小時，他有一個祕訣，就是在腦海裡以極快的速度預演演講的全過程，幾分鐘內就可以完整過一遍。

這樣做的好處是：幫助我們熟悉內容，做到胸有成竹，預演自己在台上的場景，讓杏仁核提前活躍，逐漸習慣和適應恐懼情緒。於是在眞實的場景演講時，杏仁核就不會失控。

管理好大腦，才能管理好情緒

那些上台演講不緊張或緊張可控的人，杏仁核不會顯著活躍。因爲經過長期訓練，他們的理性腦知道演講不是什麼可怕的事，能很好地控制情緒腦中的杏仁核，進而讓爬行腦運行好身體功能，正常呼吸，不心跳加快，不瑟瑟發抖。

而演講時會過分緊張、恐懼的人，雖然他們的理性腦也知道，哪怕演講效果不佳，人也不會受到傷害，但是因爲缺乏訓練，所以理性腦不能自如地控制情緒腦，杏仁核本能地被激活，導致爬行腦指揮身體做出應對恐懼的行爲。

也就是說，你的理性腦對情緒腦的影響越強大，情緒和行爲也就會越理性、越正常；反之，就越容易陷入情緒化的非理性狀態。理性腦對情緒腦的影響力，一方面會隨著人的年齡增長而變強，另一方面，也能透過訓練得到加強。我們能人爲管控的是後者。

所以，演講緊張是生理原因造成的心理問題。我們理解了大腦的生理構造和作用機制後，就可以透過訓練大腦，從根本上解決這一心理問題。

知識的詛咒：為什麼聽不懂老師的話

我們在聽一些老師、專家講話時，會感覺晦澀難懂，但是礙於情面，又不好意思直接提問。結果聽的人稀里糊塗，講的人以爲聽的人都懂，最終浪費了彼此寶貴的時間。背後的原因是這些老師、專家陷入了「知識的詛咒」。

什麼是知識的詛咒

當一個人對某個領域的知識非常熟悉時，很難理解新接觸該領域的其他人是怎樣思考和學習的，因此向他人分享知識變得十分困難、低效，就好像被自己掌握的知識詛咒了一樣。這種現象被稱爲「知識的詛咒」。

有一個相關的經典實驗：美國一位研究者把參與人員分成兩種角色，一種角色透過敲桌子演奏出常見歌曲的旋律，比如生日快樂歌，另一種角色根據聽見的敲擊聲，猜測是什麼歌。實驗前，敲擊者認爲聽的人能猜對一半，但結果是，聽的人只猜對了二．五％。

你可以和朋友玩一下這個遊戲，結果應該也差不多。爲什麼會出現這種情況呢？因爲敲擊者自己知道是什麼歌曲，腦海裡有熟悉的旋律，他很難想像出，聽者在不知道歌名的情況下胡亂猜測，有多麼困難。

生活中最常見的例子，就是家長輔導孩子寫作業。家長往往認爲自己講的已經很清楚了，但孩子就是學不會，因此家長氣得直跺腳，想不明白孩子爲什麼這麼笨。其實家長小時候學那些知識，也是十分困難的，只是隨著時間的推移，漸漸忘記了。

你回想一下，自己上小學時，學習認識鐘錶上的時間，開始是不是感覺很難？花了很長時間才掌握吧？但是等我們長大成人，教自己的孩子認識鐘錶時間時，就感覺這很簡單，這是因爲我們陷入了知識的詛咒。

再比如，一些專家向業外人士介紹專業知識時，會不自覺地使用自己擅長的專業術語、抽像概念，這些語言用於同行交流是沒問題的，但是在普通人聽來就很費解。

我曾經聽一個投資人分享投資知識，他多次提到 VC 這個詞，我不知道是什麼意思，以爲是維生素 C，感覺莫名其妙。後來才瞭解到，原來他說的 VC 是 venture capital 的首字母縮寫，意思是風險投資，簡稱風投。這位投資人如果面向普通人分享，就有必要在初次提到這類專業術語時，解釋一下它的全稱、含義，千萬不要想當然地以爲別人都知道。

怎樣避免知識的詛咒

我們很難做到絕對的換位思考，但是採取一些方法，避免在知識的詛咒中陷入太深，完全是可行的。下面推薦三種方法。

1. 語言要通俗易懂，講大白話

專家對業外人士、老師對學生、家長對孩子、會的人對不會的人等情形的語言表達中，要在默認對方不懂、不知道的基礎上進行講解。

比如，年輕人教老年人使用智慧手機，不要想當然地以爲老人知道社群、保存、發送這些概念，否則可能會出現溝通不暢的問題，即年輕人以爲自己講的已經很清楚了，但是老年人有一堆疑問。

2. 要及時詢問對方有什麼疑問，並解答

很多時候，聽眾有疑惑，但是不好意思提問，因此講述者就要學會把握節奏，時不

時停下來，詢問一下聽眾的想法，千萬不要自顧自地講個不停。

有時候講述者即使問了，聽眾可能礙於面子或者因爲其他人在場，還是不會說出自己的疑問。所以，講述者要察言觀色，通過觀察聽眾的表情和神態，來判斷其是否聽懂了，進而調整自己的語言。

舉個例子，假如你是甲方，有兩種乙方給你提案。第一種滔滔不絕講了一小時，最後直接結束；第二種講了四十五分鐘，然後留出十五分鐘，詢問你的需求和意見，進行答疑解惑。你更喜歡哪種提案形式呢？顯然是第二種，因爲他既展示了自己的方案，同時也考慮了你的需求，回答了你的疑問。

3. 善用類比（打比方），解釋專業、抽象的概念

專家向業外人士解釋概念，有時候費了很大力氣，業外人士可能還是不明白，但使用一個巧妙的類比，也就是使用別人熟悉的事物來類推、比較，對方就能立即明白。

比如，國醫大師張伯禮解釋中醫如何治療新冠肺炎時，用了一個形象的類比。他說：「一個房間裡邊有些垃圾，招了很多蟲子。有的人專門研究殺蟲劑，不斷地研究殺蟲劑，消滅蟲子。我們中醫就是清理垃圾，垃圾清走了，屋裡就沒有蟲子了，就這麼簡

單。所以我們是清理人體的垃圾，調節人體的狀態，激發人體存在的免疫功能，讓你自己去消除病毒。」

總之，眞正的大師講話是通俗易懂的，就像孔子和蘇格拉底透過講故事、對話來教化學生，他們沒有陷入知識的詛咒，更沒有故弄玄虛，用一堆深奧、抽象的詞來標榜自己的學問。我們要向他們學習，有意識且有方法地規避知識的詛咒。

焦點效應：克服「社恐」

如今越來越多的人自稱「社恐」（社交恐懼），爲什麼社恐的人在陌生場合不敢和他人交流？爲什麼人們演講時會十分緊張？爲什麼你看到視頻裡自己的樣子、聽到自己的錄音，會很不舒服？

什麼是焦點效應

有一個心理學知識可以部分解釋以上現象，這就是焦點效應（也叫聚光燈效應），它是指人們會高估周圍人對自己外表和行爲關注度的一種表現。人往往會把自己看作一切的中心，並且本能地高估別人對自己的注意程度。

心理學家季洛維奇（Thomas Gilovich）做過一個實驗：讓康乃爾大學的學生穿上某名牌T恤，然後進入教室，穿T恤的學生事先估計，會有大約五十%的同學注意到他的T恤，但是最後的結果表明，只有二十三%的同學注意到了這一點。

相信我們每個人都有以下類似的經歷：上學時穿了一件特別的衣服，戴了一個特別的配飾，以爲同學們都會注意到自己。在餐廳吃飯時不小心摔碎了碗碟，瞬間就會尷尬地臉紅，以爲其他人都在看自己的笑話。一群人看剛剛拍好的合影，會第一時間找自己，檢查自己拍的是否好看。

焦點效應告訴我們，雖然你是自己世界裡的中心，但你不是別人世界裡的中心。我們每個人最關心的是自己，而不是別人。同理，別人最關心的是他自己，而不是你，不要高估了自己在別人心中的影響。

焦點效應下，人們變成了「社恐」

很多人在社交場合不知所措，以爲自己的穿著和形象不好，或者擔心自己說錯話，害怕自己的缺點被別人發現，於是漸漸地就變成了「社恐」。其實哪有那麼多人關注你，即使有人注意到了你的尷尬，那也是一瞬間的事，對方很快就會關注別的（尤其是他自己），哪有功夫一直花心思在你身上。

有一次培訓課間，一位學員走過來對我說：「李老師，你有沒有注意到我有什麼地方很特別？」我愣住了，心想，他剛才在課上的表現挺好的，沒什麼大的問題。他接著說：「你看我右手的小指，因爲一次事故被截了一小段，因此比正常的小指要短一點。」

我仔細觀察，才注意到果然如此。他說：「這給我造成了很大的影響，我在社交場合，以及公開演講時，特別害怕別人看出我的這個身體缺陷，越害怕，就越焦慮。」

這就是典型的焦點效應案例，我們在聽別人說話時，有時候連對方說的重要內容都會忽略，怎麼可能會專門注意到他的右手小指呢？這位學員高估了自己在別人眼中的影響，更高估了自己右手小指的影響。

人們在公開演講時十分焦慮，也是焦點效應的表現，以爲觀眾會注意到自己的一舉一動，會看出自己的緊張，會聽出自己語言中的瑕疵，會嘲笑自己的錯誤。其實換位思考一下，就會明白，你在聽別人演講時，能集中注意力聽其中一半，就已經不錯了，你只會注意到自己感興趣、對自己有用的部分，至於別人演講中的問題，你可能會注意到一兩點，但是很快就會忘記，因爲那不是你的課題。

別人在聽你演講時，也是同樣的情況！沒有人拿著放大鏡全程無死角觀察你的舉動，也沒有人拿著擴音器仔細聆聽你說的每一句話、每一個詞。你大可不必過分焦慮，因爲你在觀眾眼裡根本就沒那麼重要。

焦點效應也是我們看到視頻裡自己的樣子、聽到自己的錄音時，會驚訝和難受的原因。我們平時看不見自己的全貌，說話時聽到的自己的聲音，是透過骨頭和血肉傳到耳朵裡的，而不是像別人一樣透過空氣傳播的方式聽到的，其實後者才是你眞實的聲音。

於是當你看到自己眞實的全貌、聽到自己眞實的聲音時，會被震驚到，你會注意到自己身上的一切毛病，進而感到羞愧。但是，假設你讓別人評判影片和音檔裡的你，別人很可能就注意不到那些所謂的問題。結論就是：每個人都太在意自己，太把自己當回事了！

「社恐」們該怎麼辦

根據焦點效應的啓示，我們在言談舉止方面應該怎麼做呢？

首先，對自己來說，不要高估你在別人眼中的影響和作用。在社交場合大膽開口，即使你說的不好，甚至說錯了，別人也不會在意。演講時，對自己的表現不要過分焦慮。如果出現口誤，自然改過來就行；即使說錯了話，事後也不要過分懊悔，因爲別人可能沒注意到；即使注意到了，也會很快忘記，因爲別人最關心的是他自己，不是你。

其次，在和他人交流時，可以主動把話題引導到對方身上，對他的事情表現出濃厚的興趣，充分滿足他的「焦點」慾望。比如，和戀人交流時，讓他（她）說說自己小時候的事情、有趣的經歷、日常工作和愛好等，詢問其中的細節。和客戶交談時，引導對方「提當年勇」，說說他的高光時刻、難忘的經歷，這會讓氣氛變得融洽，進而促進合作。

美國著名作家費茲傑羅有一句名言：同時保有兩種截然相反的觀念，還能正常行事，這是第一流智慧的標誌。用到焦點效應上，我們既要避免自己的焦點欲，同時又要滿足別人的焦點欲，這是一種高級的人生智慧。

參考文獻

[1]艾略特・阿倫森，喬舒亞・阿倫森。《社會性動物》。十二版。邢占軍，黃立清，譯。上海：華東師範大學出版社，二〇二〇。
[2]戴維・邁爾斯。《社會心理學》。八版。侯玉波，樂國安，等譯。北京：人民郵電出版社，二〇〇六。
[3]史蒂芬・平克。《當下的啓蒙》。侯新智，歐陽明亮，等譯。杭州：浙江人民出版社，二〇一九。
[4]彭凱平，閻偉。《孩子的品格》。北京：中信出版社，二〇二一。
[5]岸見一郎，古賀史健。《被討厭的勇氣》。渠海霞，譯。北京：機械工業出版社，二〇一五。
[6]羅伯特・戴博德。《蛤蟆先生去看心理醫生》。陳贏，譯。天津：天津人民出版社，二〇二〇。
[7]阿爾弗雷德・阿德勒。《自卑與超越》。潘慶晨，譯。南京：江蘇鳳凰文藝出版社，

二〇二一。
[8]周嶺。《認知覺醒》。北京：人民郵電出版社，二〇二〇。
[9]李朝杰。《人人都能演講》。北京：中國紡織出版社有限公司，二〇二三。
[10]安德斯・艾利克森，羅伯特・普爾。《刻意練習：如何從新手到大師》。王正林，譯．北京：機械工業出版社，二〇一六。
[11]脫不花。《溝通的方法》。北京：新星出版社，二〇二一。
[12]韋志中。《積極心理學：中國人的68堂幸福實踐課》。北京：台海出版社，二〇一九。
[13]白麗潔。《拿來就用的100個心理學策略》。北京：中國法製出版社，二〇一八。
[14]西蒙・A・雷戈，莎拉・法德。《十步驅散抑鬱：認知行爲療法》。陳書敏，譯。北京：台海出版社，二〇二一。
[15]日本信息文化研究所。《別再想歪了》。鞠阿蓮，譯。北京：北京科學技術出版社，二〇二三。
[16]西奧迪尼。《影響力（經典版）》。閭佳，譯。北京：北京聯合出版公司，二〇一六。

後記

經過兩年多的準備，這本書終於寫完並出版了。我在校對書稿時，能大概回想起當時寫哪篇文章是在什麼場景，有圖書館、酒店、高鐵上、地鐵上，當然大部分是在家裡完成的。這讓我有兩點感觸：哪裡都能思考，哪裡都能寫作。

人爲什麼要思考和寫作？因爲這是利人利己的大好事。對作者來說，能系統梳理自己的專業知識和工作經驗；對讀者來說，能收穫一些啓發乃至改變。這些年我在學習和實踐過程中，認識到心理學對溝通表達的巨大價值，因此特別想分享出去，幫助更多人。講課和寫作是我的分享方式，一個靠說，一個靠寫，兩者的基礎都是學習、思考和實踐。

我熱愛目前的工作和生活方式，自己能獲得成長，同時能幫到別人。接下來，我會繼續寫作，筆耕不輟。心理學大師歐文・亞隆（Irvin D. Yalom）晚年時，遭遇妻子去世帶來的打擊，陷入痛苦和迷惘，他讀到自己過去寫的《叔本華的眼淚》一書，被其中一段話所治癒。這讓我感慨萬千，我也經常會被自己過去寫的日記、文章所感動，從中收穫力量和鼓舞，也經常會從中看到自己過去的幼稚和愚蠢。無論哪種情況，都說明用文字記錄下來是有意義的。當然，我寫的內容肯定有自己的局限性，如有紕漏、不當之處，還請讀者朋友批評指正。

在此感謝我的愛人，她給了我很大的包容和支持，投入大量精力照顧孩子、操持家務，讓我有時間寫作，因此本書的面世有她的功勞。感謝本書的編輯顧老師，這幾年來，在她的指導和幫助下，我陸續出版了《人人都能演講》、《你心理系？不，我說話系！》兩本書，當寫作者遇到一位認眞負責的編輯，是何其有幸。感謝中國紡織出版社的主管和老師們，有你們的認可，本書才得以出版。最後，感謝我的學員、客戶和讀者朋友，是你們在背後堅定地支持我。我會努力工作，爲社會作出力所能及的貢獻。

View 157

你心理系？不，我說話系！

作者—李朝杰

資深培訓師，企業家演講教練，「三維演說家」培訓創始人，浙江大學MBA特邀講師，浙江省培訓師協會高級企業培訓師，美國AACTP國際註冊行動學習促動師，第四屆全國培訓師推優大賽全國前五強，AACTP中國區首屆培訓師大賽全國前十強。暢銷書《人人都能演講：一百天成為演講高手》作者。

美術設計—池婉珊
主　　編—李國祥
企　　畫—吳美瑤
董 事 長—趙政岷
出 版 者—時報文化出版企業股份有限公司
108019台北市和平西路三段二四〇號三樓
發行專線—（〇二）二三〇六—六八四二
讀者服務專線—〇八〇〇—二三一—七〇五
（〇二）二三〇四—七一〇三
讀者服務傳真—（〇二）二三〇四—六八五八
郵撥—一九三四四七二四時報文化出版公司
信箱—一〇八九九台北華江橋郵局第九九信箱
時報悅讀網—http://www.readingtimes.com.tw
電子郵件信箱—genre@readingtimes.com.tw
法律顧問—理律法律事務所　陳長文律師、李念祖律師
印　　刷—勁達印刷有限公司
初版一刷—二〇二五年八月二十二日
定　　價—新台幣三八〇元

時報文化出版公司成立於一九七五年，
並於一九九九年股票上櫃公開發行，於二〇〇八年脫離中時集團非屬旺中，
以「尊重智慧與創意的文化事業」為信念。

你心理系？不，我說話系！/ 李朝杰著. -- 初版. -- 臺北市 : 時報文化出版企業股份有限公司, 2025.08

面 ;　公分. -- (View ; 157)

ISBN 978-626-419-741-0(平裝)
1.CST: 溝通技巧 2.CST: 人際關係 3.CST: 傳播心理學

177.1　　114010968

ISBN 978-626-419-741-0
Printed in Taiwan